일상을 예술로 만드는 화려한 장식자수

김수현 지음

일상을 예술로 만드는 화려한 장식자수

금사와 은사로 일상을 장식하는 애기할멈의 프랑스 자수

팜파스

어릴 적 책이나 영화에서 봐온 자수에 대한 이미지는
전쟁 나간 남편을 기다리며
수를 놓고 있는 여인의 모습이었습니다.

미술대학을 졸업한 후 결혼을 하고 육아가 시작되었습니다.
육아와 작업 둘 다 놓치고 싶지 않았기에
유화를 포기하고 선택한 자수 작업은
예전 머릿속에서 그렸던 자수의 이미지를 떠올리게 했습니다.
바로크와 로코코 어디쯤을 동경해왔던
제 취향도 반영되었습니다.
화려한 매트와 자수보 작업들은 자수가
삶을 빛낼 수 있는 장식이 될 수 있음을 보여줍니다.
제가 자수를 하면서 느꼈던 아름다움, 희열을 같이 느끼며
장식자수에 여러분의 손길이 더해져
일상의 활력이 되기를 바라봅니다.

끝으로, 자수를 선택하게 해준 아이, 묵묵히 지켜봐준 남편,
저를 알아봐주고 기다려주셨던 팜파스 이진아 실장님께
감사의 말을 전합니다.
감사합니다.

CONTENTS

PROLOGUE · 5

BASIC
시작하기 전에

CONTENTS

WORKS
작품 수놓기

과일나무 라인
Pears & Grapes Line

How To Make p.78

포도넝쿨_골드워크
Grapes_Goldwork

How To Make p.80

포도넝쿨_실버워크
Grapes_Silverwork

How To Make p.82

포도 리스
Grapes Wreath

How To Make p.84

야자수 스퀘어
Palm Tree Square

How To Make p.86

퍼플 주얼리 꽃넝쿨
Purple Jewelry Flowers Vines

How To Make p.88

도일리 그레이 9
Doily Grey 9

How To Make p.90

주얼리 도일리
Jewelry Doily

How To Make p.94

도일리 골드워크
Doily Goldwork

How To Make p.96

주얼리 쿠션
Jewelry Cushion

How To Make p.98

그레이 꽃잎무리 스퀘어
Grey Square

How To Make p.100

골드 핑크 리스
Gold & Pink Wreath

How To Make p.102

주얼 꽃링 티코스터

Jewel Flowers Ring

How To Make p.104

레드 주얼 매트
Red Jewel Square

How To Make p. 106

골드 주얼 스퀘어 매트
Gold Jewel Square

How To Make p.108

레드 다이아몬드 꽃 티코스터
Red Daiamond Floral Tea Coaster

How To Make p.110

골드 트리 스퀘어
Gold Tree Square

How To Make p.112

펜던트 티코스터
Pendant Tea Coaster

How To Make p.114

펜던트 주얼 스퀘어
Pendant Jewel Square

How To Make p.116

실버 로즈 티매트
Silver Rose Teamat

How To Make p.118

포도넝쿨_크림 온 라벤더
Grapes_Cream on Lavender

How To Make p. 120

포도넝쿨_ 라벤더 온 크림

Grapes_Lavender on Cream

How To Make p.122

포도넝쿨_핑크 온 크림

Grapes_ Pink on Cream

How To Make p.124

포도넝쿨
Grapes

How To Make p.126

나무 자수 매트

Trees Square

How To Make p.128

파슬리 자수 매트
Parsley Square

How To Make p.130

미스 라일락
Miss Lilac

How To Make p.132

꽃무리 자수 매트

Flowers Square

How To Make p.134

블루 스퀘어 카펫
Blue Square Carpet

How To Make p.136

그린 에메랄드
Green Emerald

How To Make p. 138

39

플라워 링

Flowers Rings

How To Make p.140

플라워 라인
Flowers Line

How To Make p.142

그린 & 화이트
Green & White

How To Make p.144

DECORATIVE
EMBROIDERY
BASIC

시작하기
전에

자수에 필요한
재료와 도구

① 자수틀

작은 패턴들은 나무 수틀, 고무 수틀을 사용하지만 자수 매트 같은 큰 사이즈의
패턴들은 네모난 Qsnap(큐스냅) 자수틀을 주로 사용합니다.
가장 큰 장점은 처음부터 끝까지 천이 구겨지지 않고 팽팽함을 유지해주어 완성
했을 때 구겨짐 없는 완성도 높은 작품을 볼 수 있습니다.

Qsnap은 클립에 원단을 끼워야 하기 때문에 여유분이 있어야 합니다. 만약 자수 천이 틀보다 작은 경우 천을 이어 붙이고 클립에 끼우면 됩니다.

②천

린넨이 자수하기 가장 이상적인 원단이지만 20수/10수의 면천, 옥스포드, 샤, 오간디와 같은 원단도 활용할 수 있습니다.

③트레이싱지

도안을 베끼는 반투명의 얇은 종이로 책에 있는 도안을 연필로 베껴 그릴 때 사용합니다.

④초크 페이퍼와 철필

트레싱지에 있는 도안을 천에 옮길 때 사용하며 초크 페이퍼는 먹지로 대체할 수 있습니다. 어두운 색의 천은 흰색 초크 페이퍼를 사용합니다.
철필은 볼펜으로 대체할 수 있는데 복잡한 도안일 경우 빠짐없이 따라 그렸는지 확인할 수 있도록 빨간색 볼펜을 사용합니다.

⑤자수바늘

프랑스 자수용 바늘을 사용합니다. 실의 가닥 수에 따라 적합한 굵기가 있습니다.

⑥자수 가위

실만 자르는 용도이므로 크기가 작고 날이 잘 드는 자수 가위를 사용합니다. 쪽 가위로 대체할 수 있습니다.

⑦자수실

이 책에는 주로 DMC 25번사와 베리에이션사, 라이트 이펙트사를 사용했습니다. 한 타래가 총 6가닥으로, 필요한 가닥 수만큼 뽑아서 사용합니다.
라이트 이펙트사는 표면이 거칠고 탄성이 전혀 없어 뻣뻣하여 하나로 모아지지 않아 다루기 어려운 실입니다.
2가닥으로 스티치할 때 가닥 수보다 넉넉한 사이즈의 바늘을 선택하고 6가닥으로 스티치하는 경우 바늘귀가 큰 리본자수용 바늘과 실 끼우개를 사용하면 편리합니다.

⑧실 끼우개

굵은 실을 바늘에 꿸 때 사용하면 편리합니다.

⑨ **수성펜**　물이 닿으면 지워지는 펜으로 원단에 도안을 직접 그리거나 자수 도중 수정하고 싶을 때 사용합니다.

원단에 도안을 옮길 때 도안에 큰 사각형이 들어가는 경우 네 개의 꼭짓점만 표시하고 자를 대고 수성펜으로 직선을 긋고 수를 놓는 것이 작품의 완성도를 높여줍니다.

자수를 시작하기 전에

도안 옮기기

01 도안 위에 트레이싱지를 올려놓고 연필로 도안을 따라 그리세요.

02 천 위에 도안이 그려진 트레이싱지를 올리고 그 사이에 먹지를 끼워 넣으세요. 이때 초크가 묻은 면이 천에 닿도록 합니다. 철필(또는 볼펜)로 눌러가며 따라 그리고, 만약 너무 흐리게 옮겨졌다면 수성펜으로 덧그리세요.

자수실 사용법

시작 매듭짓기

01   실의 긴 쪽 끝을 검지 끝에 올려놓고 바늘로 누릅니다.

02   바늘에 실을 한두 번 감습니다. 감은 실을 엄지와 검지로 살며시 잡고 바늘을 빼내면서 당깁니다.

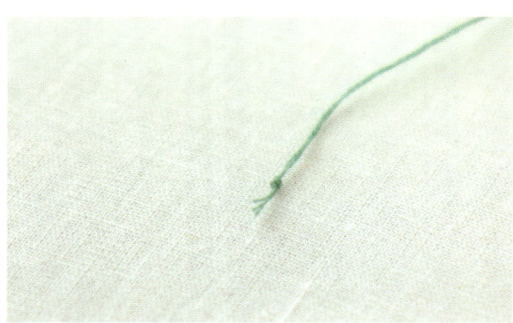

03   매듭이 완성되었어요.

마무리하기

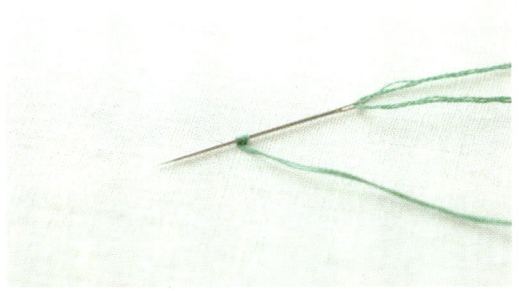

01 바늘에 실을 2회 정도 돌려 감아 천에 딱 붙도록 해 주세요.

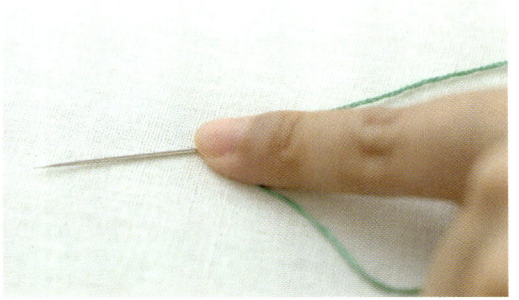

02 감은 실을 손가락으로 누르면서 바늘을 빼내세요.

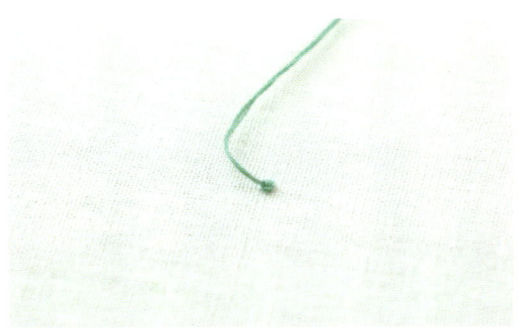

03 매듭지어진 모습이에요.

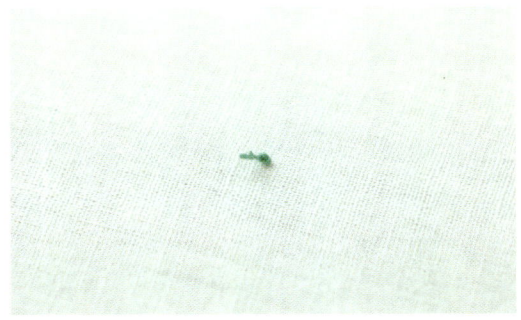

04 실을 잘라주면 마무리 매듭 완성입니다.

자수 작업을 위한 팁

라이트 이펙트사 다루기

DMC 라이트 이펙트사는 탄성이 없고 표면이 거칠고 하나로 모아지지 않아 다루기 어려운 실입니다. 2가닥으로 자수할 경우 실 한 가닥을 짧게(약 50cm) 잘라서 바늘에 꿰고 반으로 접어 매듭을 지어주세요. 또한 보통은 실 가닥 수에 따라 바늘 호수를 정하지만 금사나 은사 같은 경우는 좀 더 바늘귀가 굵은 것을 사용하는 것이 작업에 용이합니다.

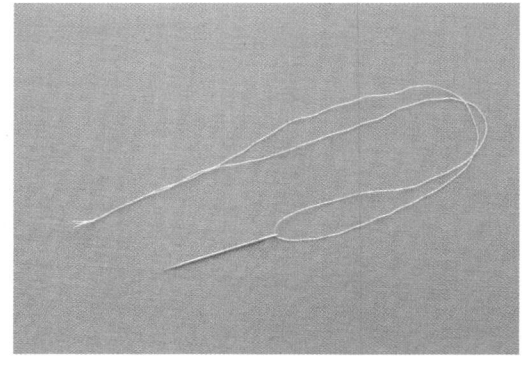

스티치로 면 메우기

프렌치 노트 스티치로 면 메우기

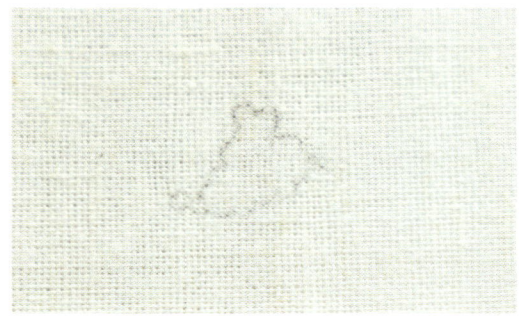

01 포도알 도안을 옮길 때 동그라미를 여러 개 그릴 필요 없이 외곽선만 그려주세요.

02 도안의 외곽을 먼저 수놓아요.

03 비어 있는 부분은 바깥쪽에서 중심을 향해 수놓아주세요.

새틴 스티치로 면 메우기

01 잎은 줄기 부분을 향해 2분의 1 정도 길게 스트레이트 스티치로 기준을 잡아주세요.

02 왼쪽(오른쪽)부터 새틴 스티치를 놓고 다른 쪽도 새틴 스티치를 해주세요.

03 완성된 모습입니다.

스트레이트 스티치 + 프렌치 노트 스티치(도일리 골드워크(96쪽) 작업 시 참고하세요.)

01 메워야 할 면 중간에서부터 시작하세요.

02 프렌치 노트 스티치를 하듯이 바늘에 실을 감아 나온 곳으로 들어가지 말고 스트레이트 스티치를 하듯이 약 0.5cm 정도 위쪽으로 바늘을 넣어주세요.

03 이런 모양이에요.

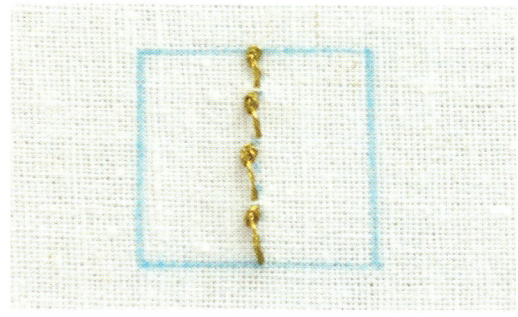

04 선을 따라 반복해 면을 채워주세요

05 완성된 모습입니다.

태슬 만드는 법

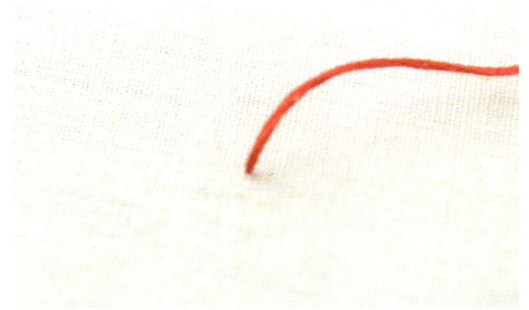

01 원하는 위치에서 바늘을 빼주세요.

02 펜 굵기와 몇 번을 감는지에 따라 태슬의 크기가 달라져요. 책에 있는 태슬들은 주로 수성펜을 사용했어요. 천에 달라붙게 잡아당기며 6~7번 실을 감아주세요.

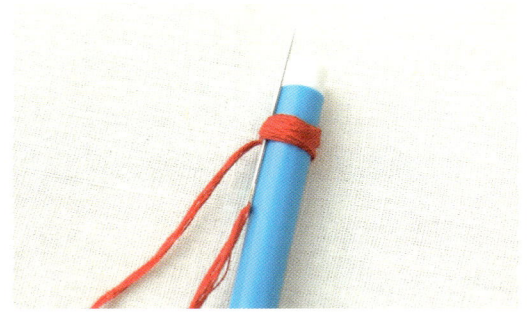

03 감아놓은 실을 묶기 위한 과정이에요. 감아놓은 실에 바늘을 통과해 천에 고정해주세요.

04 실들을 잡으면서 펜을 살살 빼주세요.

05 시작점에서 0.5cm 정도 내려온 곳에서 바늘을 빼 실타래들을 천에 고정해주세요. 이때 실이 빠지지 않게 조심스럽게 손으로 잡아주세요.

06 고정된 실타래들을 살살 당기며 모양을 만들어주세요.

07 연결되어 있는 실들을 잘라주세요. 끝에 튀어나오는 실들은 가위로 정리해주세요.

08 태슬이 완성되었어요.

09 금사로 고정한 모습입니다.

이 책에 사용한 스티치

러닝 스티치

단순한 선을 나타내기 좋고, 그 자체로도 무늬가 되는 스티치입니다.

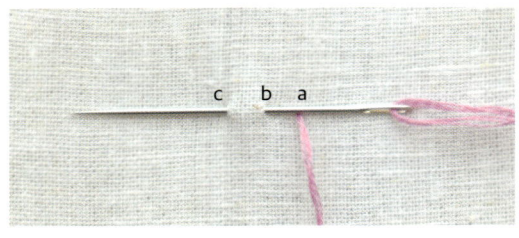

01 a 시작점에서 바늘을 빼주고 b에서 넣기와 c에서 빼기를 반복합니다.

02 겉과 안의 바늘땀 길이를 같게 해서 수를 놓습니다.

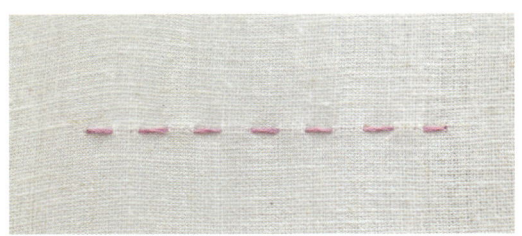

03 완성된 모습입니다.

레이지 데이지 스티치

꽃잎과 나뭇잎을 간단히 수놓을 수 있는 스티치입니다.

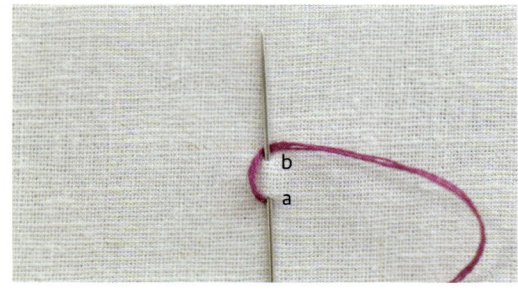 

01   a에서 바늘을 빼주고 다시 a로 들어가 고리를 만든 후 b로 빼줍니다.

02   고리를 고정시킵니다.

03   완성된 모습입니다.

더블 레이지 데이지 스티치

레이지 데이지 스티치 안에 레이디 데이지 스티치를 하나 더 놓는 스티치입니다.

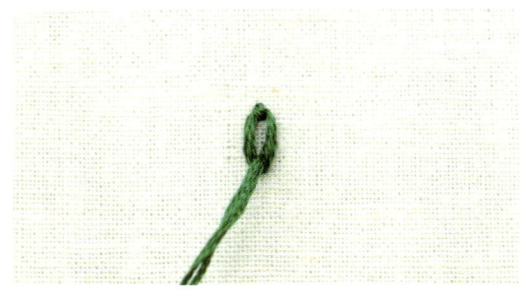

01 완성된 레이지 데이지 스티치 안쪽에서 실을 빼줍니다.

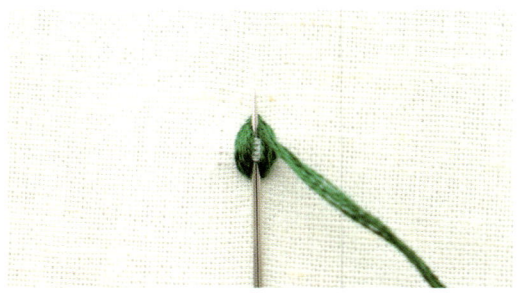

02 만들어진 고리 안에 작은 레이지 데이지 스티치를 해줍니다.

03 완성된 모습입니다.

롱 앤드 쇼트 스티치

넓은 면을 메울 수 있는 스티치로 반 땀씩 서로 엇갈려 수놓습니다.

01   먼저 길게 한 땀 수놓습니다.

02   가장자리는 긴 땀 옆에 짧은 땀을 반복하여 수놓습니다. 넓은 면에서는 긴 땀이 반 땀씩 엇갈리게 수놓습니다.

03   완성된 모습입니다.

링 스티치

입체적인 꽃잎을 표현할 때 효과적인 스티치입니다.

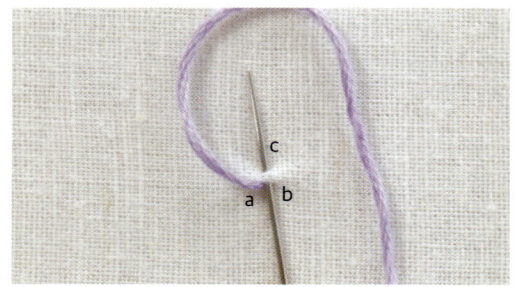

01　a에서 바늘이 나와 b와 c를 한 번에 떠주고 고리 모양을 유지하면서 다시 b 근처로 들어갑니다.

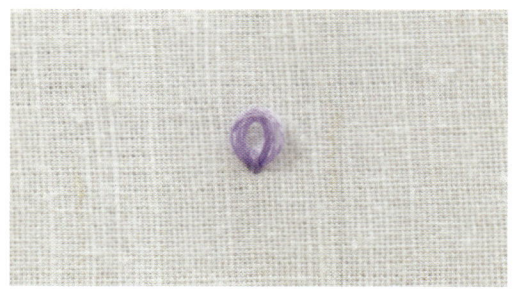

02　링 하나가 완성된 모습입니다.

03　링 네 개를 수놓고 프렌치 노트 스티치를 중심에 놓아 꽃을 완성합니다.

04　고리를 가위로 자르고 길이를 다듬어줍니다.

05　다른 느낌의 꽃이 완성되었습니다.

백 스티치

깔끔하고 뚜렷한 선을 표현할 때 사용하는 스티치입니다.

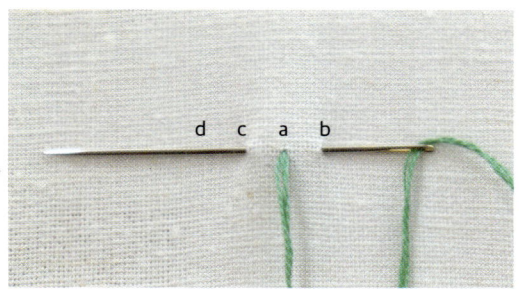

01　a에서 바늘을 빼주고 b에서 넣기와 c에서 빼기, 다시 a로 넣어 d에서 빼기를 반복합니다.

02　균일한 땀 길이를 유지하며 땀 사이가 끊어지지 않게 수놓습니다.

03　완성된 모습입니다.

새틴 스티치

면을 채우는 가장 대표적인 스티치입니다. 자수결의 방향도 무늬가 될 수 있습니다.

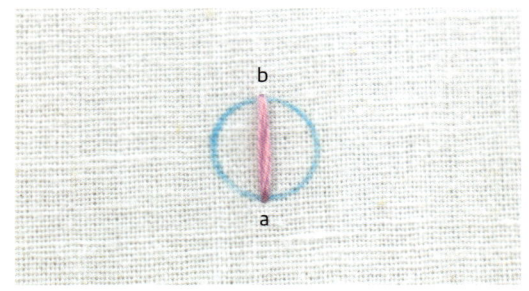

01 a에서 바늘을 빼주고 b로 넣어줍니다. 중심에서 가장자리를 향해 절반씩 수놓습니다.

02 완성된 모습입니다.

스트레이트 스티치

짧은 선을 표현하기 좋고 다른 스티치와 매치하면 복잡한 무늬도 쉽게 수놓을 수 있는 활용도 높은 스티치입니다.

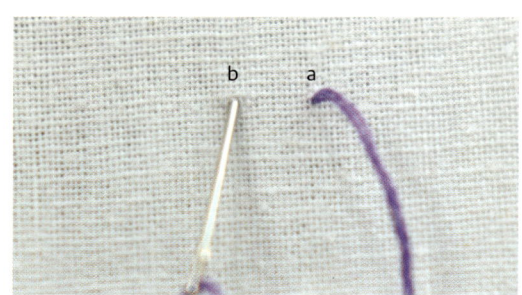

01 a에서 바늘을 빼주고 b로 넣어줍니다.

02 완성된 모습입니다.

스파이더 웹 로즈 스티치

장미를 쉽게 표현할 수 있는 스티치입니다.

01 스트레이트 스티치로 다섯 개의 기둥을 수놓습니다.

02 중심점 가까이에서 바늘을 빼고 기둥을 하나씩 건너 뛰면서 실을 기둥 아래로 통과시킵니다.

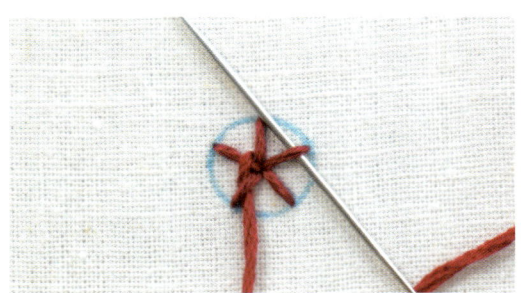

03 기둥이 보이지 않을 때까지 반복합니다.

04 기둥이 보이지 않으면 기둥 뒤쪽으로 바늘을 비스듬히 넣어 마무리합니다.

05 완성된 모습입니다.

스플릿 스티치

복잡한 선을 표현하거나 면을 채울 때 쓰이는 스티치입니다. 면을 채웠을 때 체인 스티치와 비슷한 모양이 됩니다.

01 원하는 길이만큼 한 땀 수놓습니다.

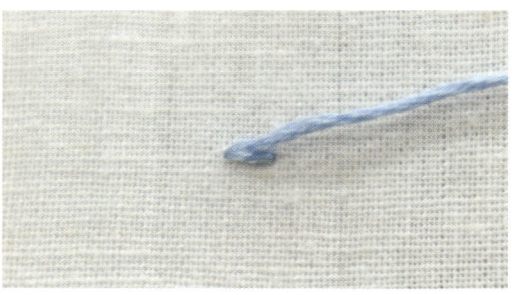

02 땀의 절반 정도 되는 위치에서 앞으로 빼줍니다. 이를 반복하여 앞 땀을 반으로 가르면서 수놓습니다.

03 완성된 모습입니다.

금사 · 은사의 스플릿 스티치

01 원하는 길이만큼 한 땀 수놓습니다.

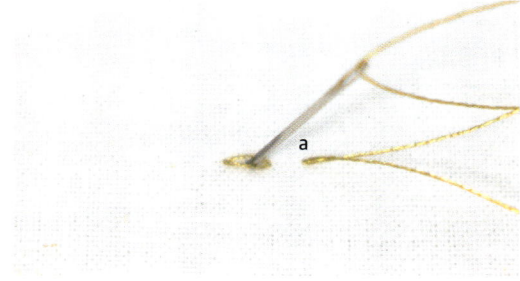

02 a로 나와서 앞에 수놓았던 땀의 반을 가르듯이 땀 사이에 바늘을 넣어줍니다.

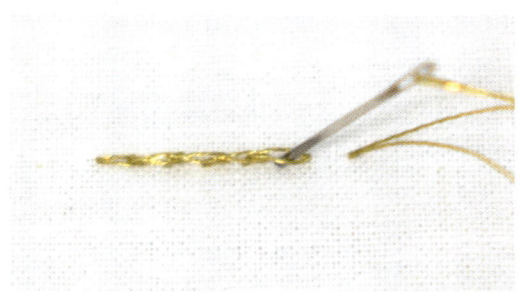

03 앞의 과정을 반복합니다.

아우트라인 스티치

곡선과 복잡한 선을 표현할 때 사용하는 스티치입니다.

01   a에서 바늘을 빼주고 b에서 넣은 후 다시 a에서 빼
줍니다.

02   실을 밑으로 하고 c에서 넣고 b에서 빼기를 반복하
며 땀을 겹쳐 나가듯이 수놓습니다.

03   완성된 모습입니다.

체인 스티치

고리가 이어진 체인처럼 보이는 스티치입니다. 선과 면을 표현할 때 활용하기 좋은 스티치입니다.

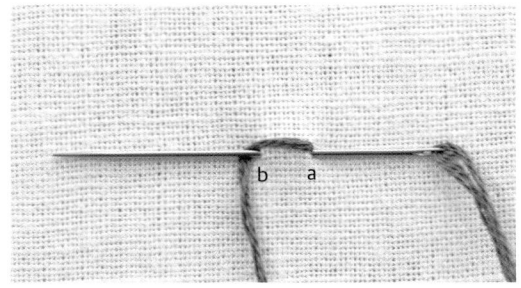

01 a에서 바늘을 빼주고 다시 a로 들어가 고리를 만든 후 b로 빼줍니다.

02 앞의 과정을 반복합니다.

03 완성된 모습입니다.

카우칭 스티치

윗실과 밑실, 두 개의 실로 일정한 간격에 따라 원단에 고정하는 스티치입니다. 이때 윗실과 밑실은 같은
색이거나 서로 다른 색을 사용하기도 합니다.

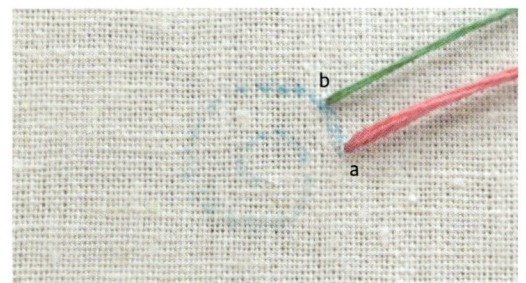

01 a는 밑실, b는 윗실로 시작점에서 빼줍니다.

02 a실을 놓아둔 다음 b실을 a실 위로 일정한 간격으로
고정하면서 수놓아갑니다.

03 완성된 모습입니다.

크로스 스티치

십자수 모양의 스티치입니다.

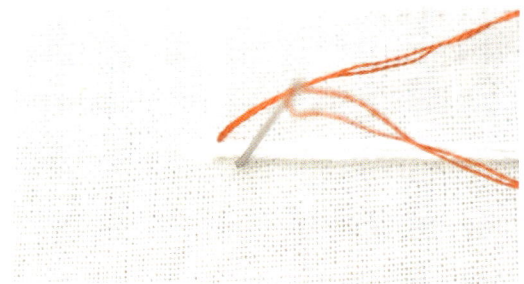

01 시작점에서 나와 X자 모양을 만들며 수놓습니다.

02 하나의 X자 모양이 완성되었습니다.

03 앞의 과정을 반복합니다.

04 완성된 모습입니다.

프렌치 노트 스티치

독립적으로 쓰기에도 좋고 면을 채우기에도 좋은 스티치입니다.

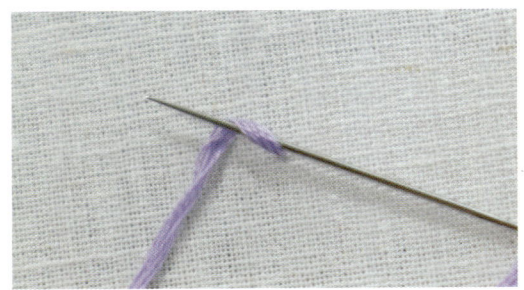

01 실을 바늘에 두 번 감아줍니다.

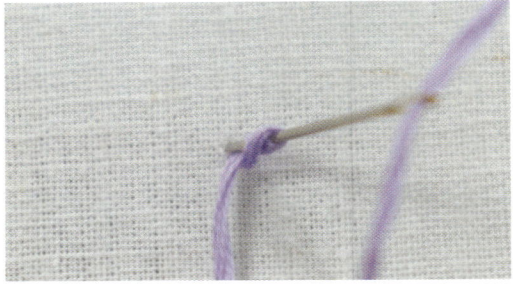

02 실이 나왔던 곳 근처로 다시 바늘을 넣고 매듭이 원단에 밀착되도록 매듭을 손으로 잡아주면서 원단 뒤로 바늘을 빼냅니다.

03 완성된 모습입니다.

프렌치 노트 스티치 + 스트레이트 스티치

작은 구슬 모양을 만들어주는 스티치입니다.

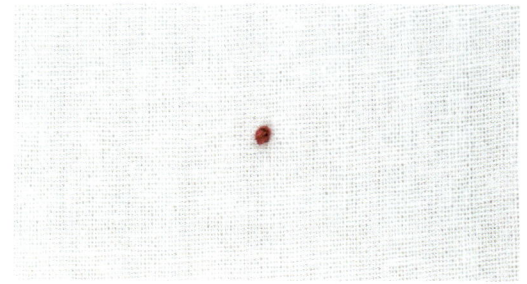

01   프렌치 노트 스티치를 해줍니다.

02   근처로 나와 스트레이트 스티치로 프렌치 노트 스티치를 두어 번 감싸줍니다.

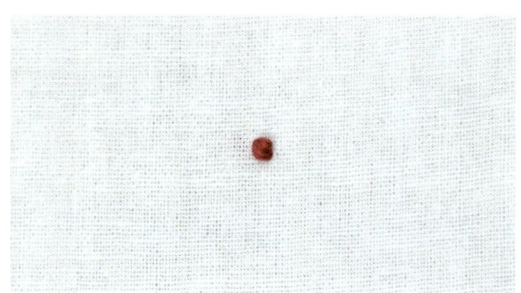

03   완성된 모습입니다.

플라이 리프 스티치

주로 잎을 표현할 때 사용하는 스티치입니다.

01 잎의 중심을 스트레이트 스티치로 잡아주세요. 이때 스트레이트 스티치의 길이는 앞의 3분의 1 정도가 적당합니다.

02 두세 번 더 스트레이트 스티치를 해주세요.

03 a에서 빼고 b에서 넣어 고리 모양을 만든 후 c로 빼주세요.

04 c 뒤로 고정해주세요.

05 03~04번 과정을 반복하여 면을 채워주세요.

06 완성된 모습입니다.

휘프트 백 스티치

백 스티치에 다른 색상의 실을 감아나가는 스티치입니다.

01 백 스티치를 한 줄 수놓고 다른 색상의 실을 시작점에서 빼주세요. 첫 번째 땀 아래로 바늘을 통과해 감아주세요.

02 두 번째 땀 역시 위에서 아래로 바늘을 통과하며 휘감아주세요.

03 반복해서 감아줍니다.

04 완성된 모습입니다.

DECORATIVE
EMBROIDERY
WORKS

작 품
수놓기

도안 설명은 스티치 → 실 번호 → (실의 가닥 수)로 표기했습니다.
예) 새틴s 742(3) : 742번 실 3가닥으로 새틴 스티치를 합니다.

과일나무 라인 Pears & Grapes Line

사용한 원단   린넨(짙은 자주)

사용한 실   DMC 라이트 이펙트사 : E3852

                DMC 25번사 : 333, 550, 580, 760, 890, 905, 909, 921, 3820, 3839, 3847

사용한 스티치   백 스티치, 레이지 데이지 스티치, 새틴 스티치, 스트레이트 스티치, 스플릿 스티치,

                아우트라인 스티치, 프렌치 노트 스티치

도안   실물 도안 별지

아우트라인s
3839(3)

새틴s
905(3)

레이지 데이지s
3847(3)

백s 550(3)

스플릿s 890(6)

프렌치 노트s 890(6)

새틴s 909(3)

새틴s 580(3)

레이지 데이지s 3847(3)

스플릿s 760(3)

프렌치 노트s 921(6)

프렌치 노트s 3820(6)

레이지 데이지s
E3852(2)

스플릿s
E3852(2)

프렌치 노트s
921(6)

스트레이트s
E3852(2)

프렌치 노트s
333(6)

포도넝쿨_골드워크 Grapes_Goldwork

사용한 원단   린넨(다크 그레이)

사용한 실   DMC 25번사 : 728, 783, 3820   DMC 라이트 이펙트사 : E3852

사용한 스티치   새틴 스티치, 스트레이트 스티치, 아웃라인 스티치, 프렌치 노트 스티치

프렌치 노트s
E3852(6)

새틴s
783(3)

새틴s
3820(3)

아우트라인s
728(3)

프렌치 노트s
E3852(6)

새틴s
783(3)

새틴s
728(3)

프렌치 노트s
E3852(6)

새틴s
3820(3)

새틴s
783(3)

스트레이트s
728(3)

새틴s
E3852(2)

프렌치 노트s
728(6)

새틴s
783(3)

프렌치 노트s
E3852(6)

새틴s
3820(3)

새틴s
728(3)

프렌치 노트s
E3852(6)

* 금사 E3852 6가닥으로 스티치할 때
바늘귀가 큰 리본자수용 바늘을 사용하세요.

포도넝쿨_실버워크 Grapes_Silverwork

사용한 원단 린넨(딥그린)

사용한 실 DMC 25번사 : 644, 647, 648   DMC 라이트 이펙트사 : E168

사용한 스티치 새틴 스티치, 스트레이트 스티치, 아우트라인 스티치, 프렌치 노트 스티치

도안

수놓기

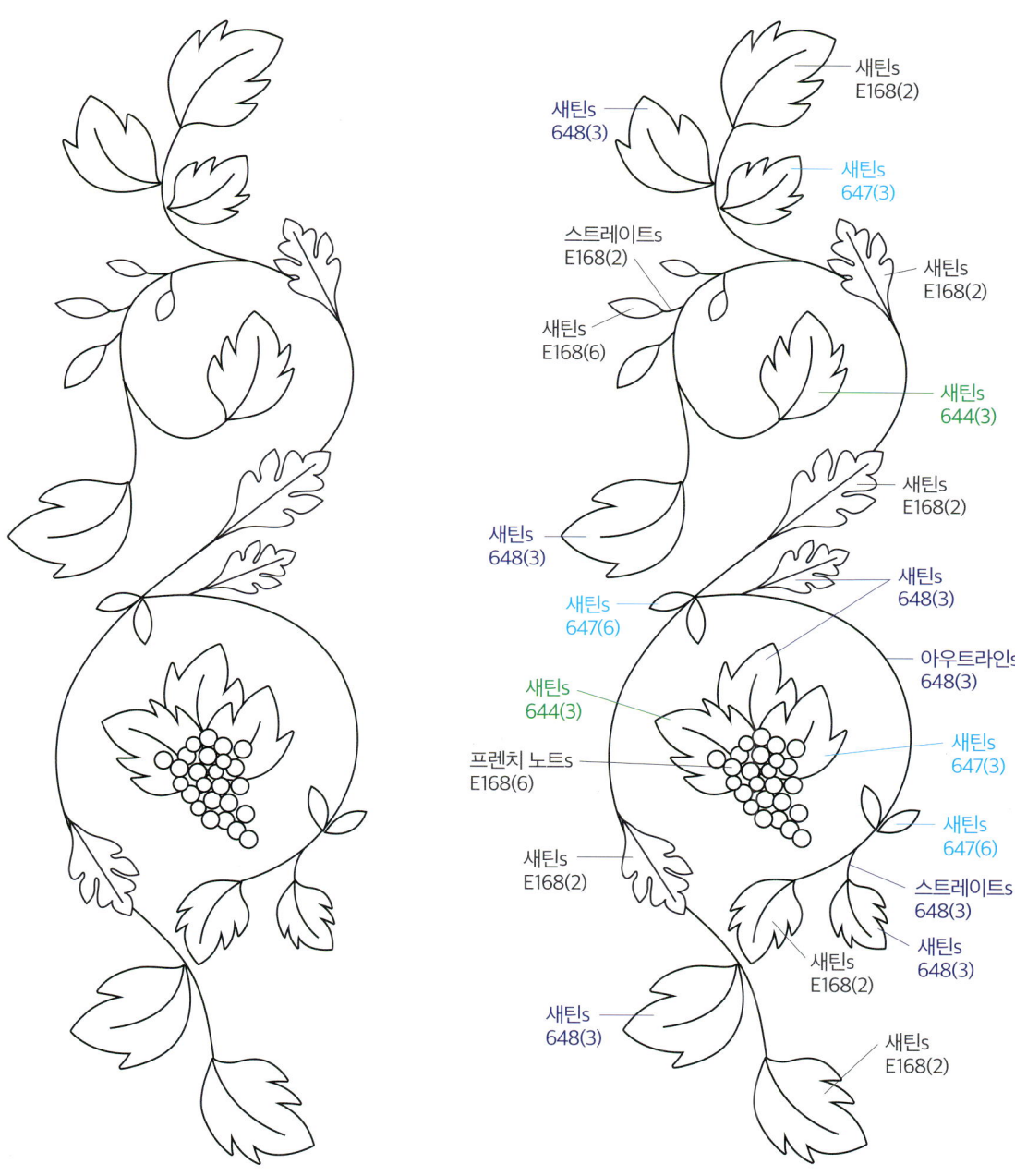

새틴s
E168(2)

새틴s
648(3)

새틴s
647(3)

스트레이트s
E168(2)

새틴s
E168(2)

새틴s
E168(6)

새틴s
644(3)

새틴s
E168(2)

새틴s
648(3)

새틴s
648(3)

새틴s
647(6)

아우트라인s
648(3)

새틴s
644(3)

새틴s
647(3)

프렌치 노트s
E168(6)

새틴s
647(6)

새틴s
E168(2)

스트레이트s
648(3)

새틴s
648(3)

새틴s
E168(2)

새틴s
648(3)

새틴s
E168(2)

* 은사 E168 6가닥으로 스티치할 때
바늘귀가 큰 리본자수용 바늘을 사용하세요.

포도 리스 Grapes Wreath

사용한 원단	린넨(라이트 그레이)
사용한 실	DMC 25번사 : BLANC, 168, 762, 3865 DMC 라이트 이펙트사 : E5200
사용한 스티치	새틴 스티치, 프렌치 노트 스티치

도안

새틴s
762(3)

새틴s
168(3)

새틴s
E5200(2)

새틴s
BLANC(3)

새틴s
3865(3)

프렌치 노트s
3865(6)

프렌치 노트s
762(6)

프렌치 노트s
168(3)

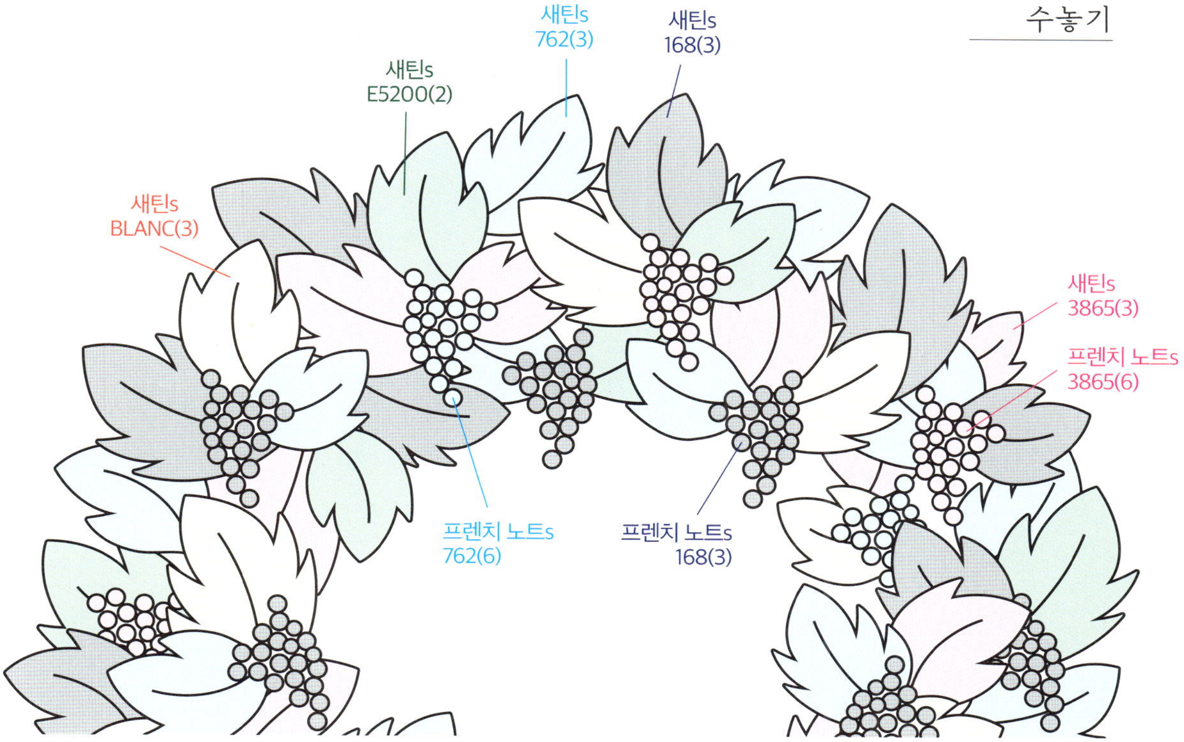

* 하늘색 음영이 들어간 포도잎과 포도알은 DMC 762번 실입니다.
  포도알은 실을 두 번 감아 프렌치 노트 스티치를 하세요.

새틴s
762(3)

프렌치 노트s
762(6)

* 회색 음영이 들어간 포도잎과 포도알은 DMC 168번 실입니다.
  포도알은 실을 두 번 감아 프렌치 노트 스티치를 하세요.

새틴s
168(3)

프렌치 노트s
168(6)

* 분홍색 음영이 들어간 포도잎과 포도알은 DMC 3865번 실입니다.
  포도알은 실을 두 번 감아 프렌치 노트 스티치를 하세요.

새틴s
3865(3)

프렌치 노트s
3865(6)

* 노란색 음영이 들어간 포도잎과 포도알은 DMC BLANC 실입니다.
  포도알은 실을 두 번 감아 프렌치 노트 스티치를 하세요.

새틴s
BLANC(3)

프렌치 노트s
BLANC(6)

* 연두색 음영이 들어간 포도잎과 포도알은 DMC E5200번 실입니다.
  포도알은 실을 두 번 감아 프렌치 노트 스티치를 하세요.

새틴s
E5200(3)

프렌치 노트s
E5200(6)

야자수 스퀘어 Palm Tree Square

사용한 원단	린넨(연노랑)
사용한 실	DMC 25번사 : 351, 742, 782, 912, 3865
사용한 스티치	레이지 데이지 스티치, 롱 앤드 쇼트 스티치, 새틴 스티치, 스트레이트 스티치, 스플릿 스티치, 프렌치 노트 스티치

도안   실물 도안 별지

스플릿s 3865(6)

새틴s 3865(6)

프렌치 노트s 3865(6)

롱 앤드 쇼트s 912(3)

새틴s 351(3)

새틴s 742(3)

롱 앤드 쇼트s 782(3)

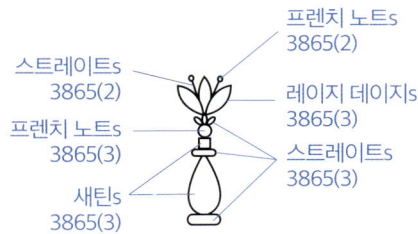

스트레이트s 3865(2)

프렌치 노트s 3865(3)

새틴s 3865(3)

프렌치 노트s 3865(2)

레이지 데이지s 3865(3)

스트레이트s 3865(3)

퍼플 주얼리 꽃넝쿨 Purple Jewelry Flowers Vines

사용한 원단	옥스포드(연보라)
사용한 실	DMC 25번사 : 321, 550, 746, 800, 906, 3607, 3865
	DMC 베리에이션사 : 4047, 4050
	DMC 라이트 이펙트사 : E168, E699, E825, E3852
사용한 스티치	더블 레이지 데이지 스티치, 새틴 스티치, 스트레이트 스티치, 스파이더 웹 로즈 스티치,
	아우트라인 스티치, 체인 스티치, 카우칭 스티치, 프렌치 노트 스티치

도안　　실물 도안 별지

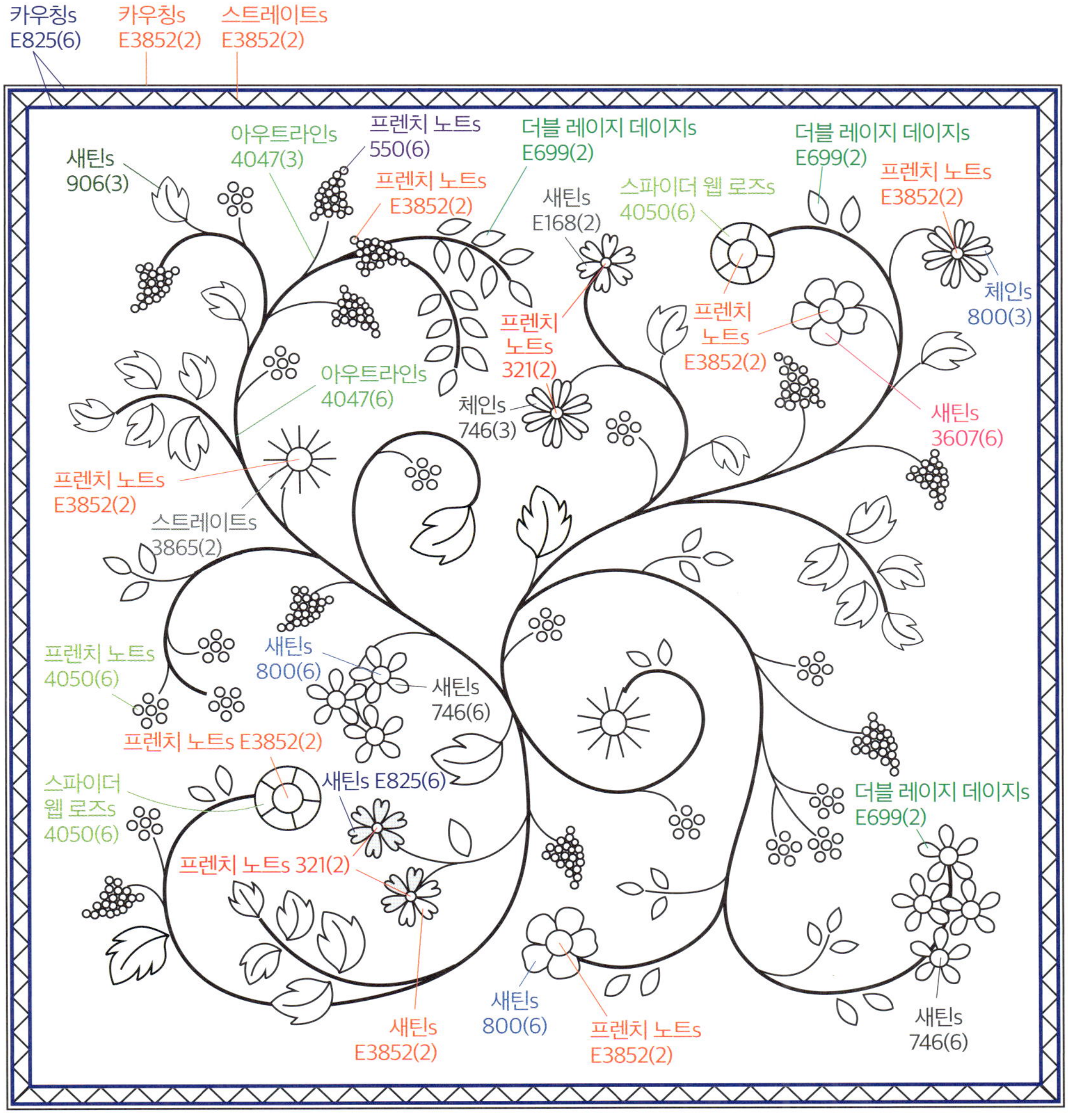

카우칭s
E825(6)

카우칭s
E3852(2)

스트레이트s
E3852(2)

새틴s
906(3)

아우트라인s
4047(3)

프렌치 노트s
550(6)

더블 레이지 데이지s
E699(2)

더블 레이지 데이지s
E699(2)

프렌치 노트s
E3852(2)

프렌치 노트s
E3852(2)

새틴s
E168(2)

스파이더 웹 로즈s
4050(6)

체인s
800(3)

아우트라인s
4047(6)

프렌치
노트s
321(2)

프렌치
노트s
E3852(2)

프렌치 노트s
E3852(2)

체인s
746(3)

새틴s
3607(6)

스트레이트s
3865(2)

새틴s
800(6)

새틴s
746(6)

프렌치 노트s
4050(6)

프렌치 노트s E3852(2)

새틴s E825(6)

스파이더
웹 로즈s
4050(6)

더블 레이지 데이지s
E699(2)

프렌치 노트s 321(2)

새틴s
E3852(2)

새틴s
800(6)

프렌치 노트s
E3852(2)

새틴s
746(6)

* 넝쿨가지 선 굵기에 따른 실 가닥 수

━━ 아우트라인s 4047(6)

─── 아우트라인s 4047(3)

도일리 그레이 9 Doily Grey 9

사용한 원단	린넨(라이트 그레이)
사용한 실	DMC 25번사 : 413　　　　　DMC 라이트 이펙트사 : E5200
사용한 스티치	러닝 스티치, 레이지 데이지 스티치, 백 스티치, 스트레이트 스티치, 아우트라인 스티치, 체인 스티치, 카우칭 스티치, 프렌치 노트 스티치

도안

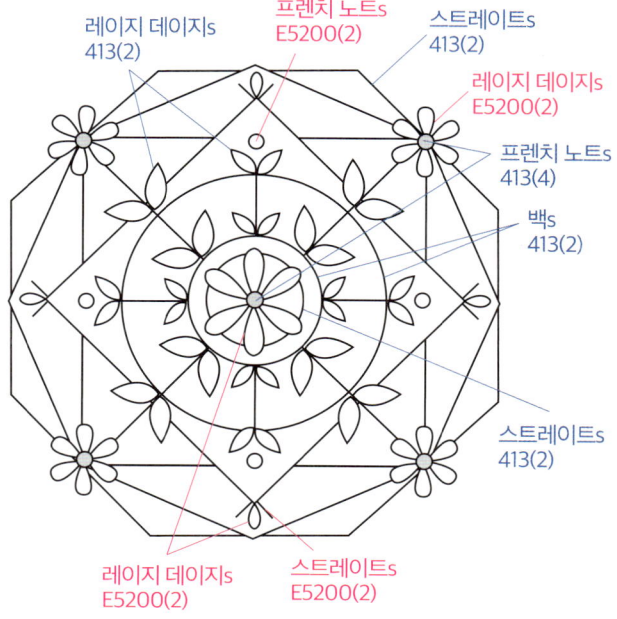

레이지 데이지s
413(2)

프렌치 노트s
E5200(2)

스트레이트s
413(2)

레이지 데이지s
E5200(2)

프렌치 노트s
413(4)

백s
413(2)

스트레이트s
413(2)

레이지 데이지s
E5200(2)

스트레이트s
E5200(2)

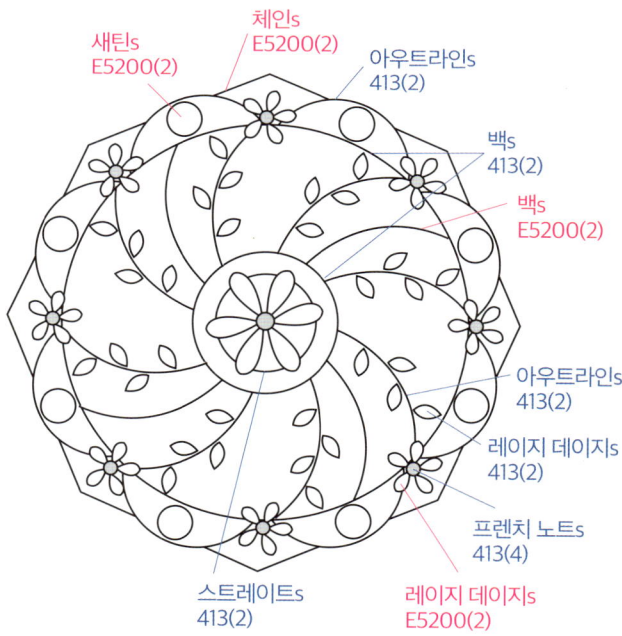

새틴s
E5200(2)

체인s
E5200(2)

아우트라인s
413(2)

백s
413(2)

백s
E5200(2)

아우트라인s
413(2)

레이지 데이지s
413(2)

프렌치 노트s
413(4)

레이지 데이지s
E5200(2)

스트레이트s
413(2)

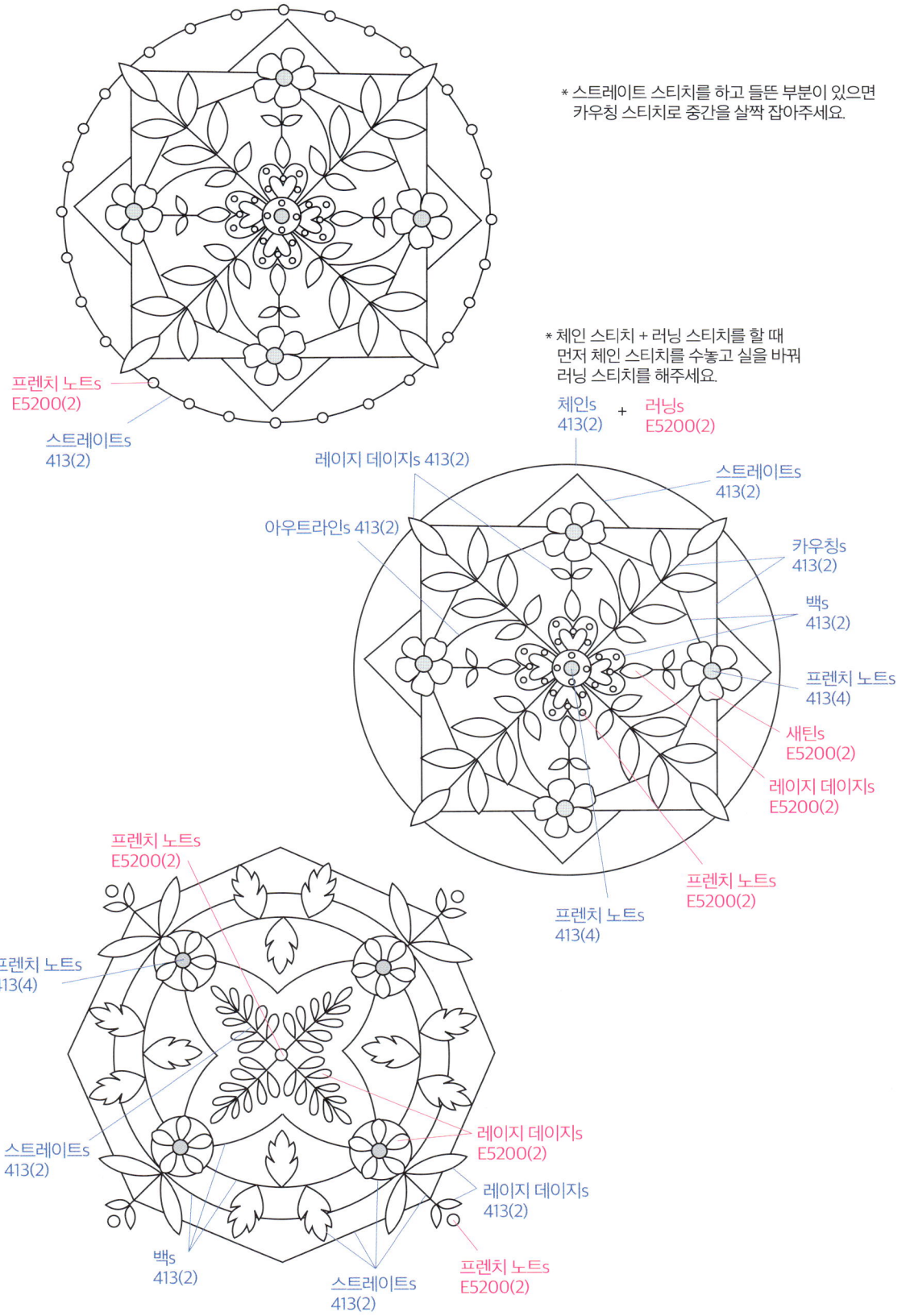

* 스트레이트 스티치를 하고 들뜬 부분이 있으면
  카우칭 스티치로 중간을 살짝 잡아주세요.

프렌치 노트s
E5200(2)

스트레이트s
413(2)

* 체인 스티치 + 러닝 스티치를 할 때
  먼저 체인 스티치를 수놓고 실을 바꿔
  러닝 스티치를 해주세요.

체인s   +   러닝s
413(2)   E5200(2)

레이지 데이지s 413(2)

스트레이트s
413(2)

아웃트라인s 413(2)

카우칭s
413(2)

백s
413(2)

프렌치 노트s
413(4)

새틴s
E5200(2)

레이지 데이지s
E5200(2)

프렌치 노트s
E5200(2)

프렌치 노트s
413(4)

프렌치 노트s
E5200(2)

프렌치 노트s
E5200(2)

프렌치 노트s
413(4)

레이지 데이지s
E5200(2)

스트레이트s
413(2)

레이지 데이지s
413(2)

백s
413(2)

스트레이트s
413(2)

프렌치 노트s
E5200(2)

93

주얼리 도일리 Jewelry Doily

사용한 원단	린넨(연그레이)
사용한 실	DMC 25번사 : 453, 909, 3608 DMC 라이트 이펙트사 : E168, E3852, E5200
사용한 스티치	더블 레이지 데이지 스티치, 레이지 데이지 스티치, 백 스티치, 새틴 스티치, 스트레이트 스티치, 체인 스티치, 프렌치 노트 스티치

도안

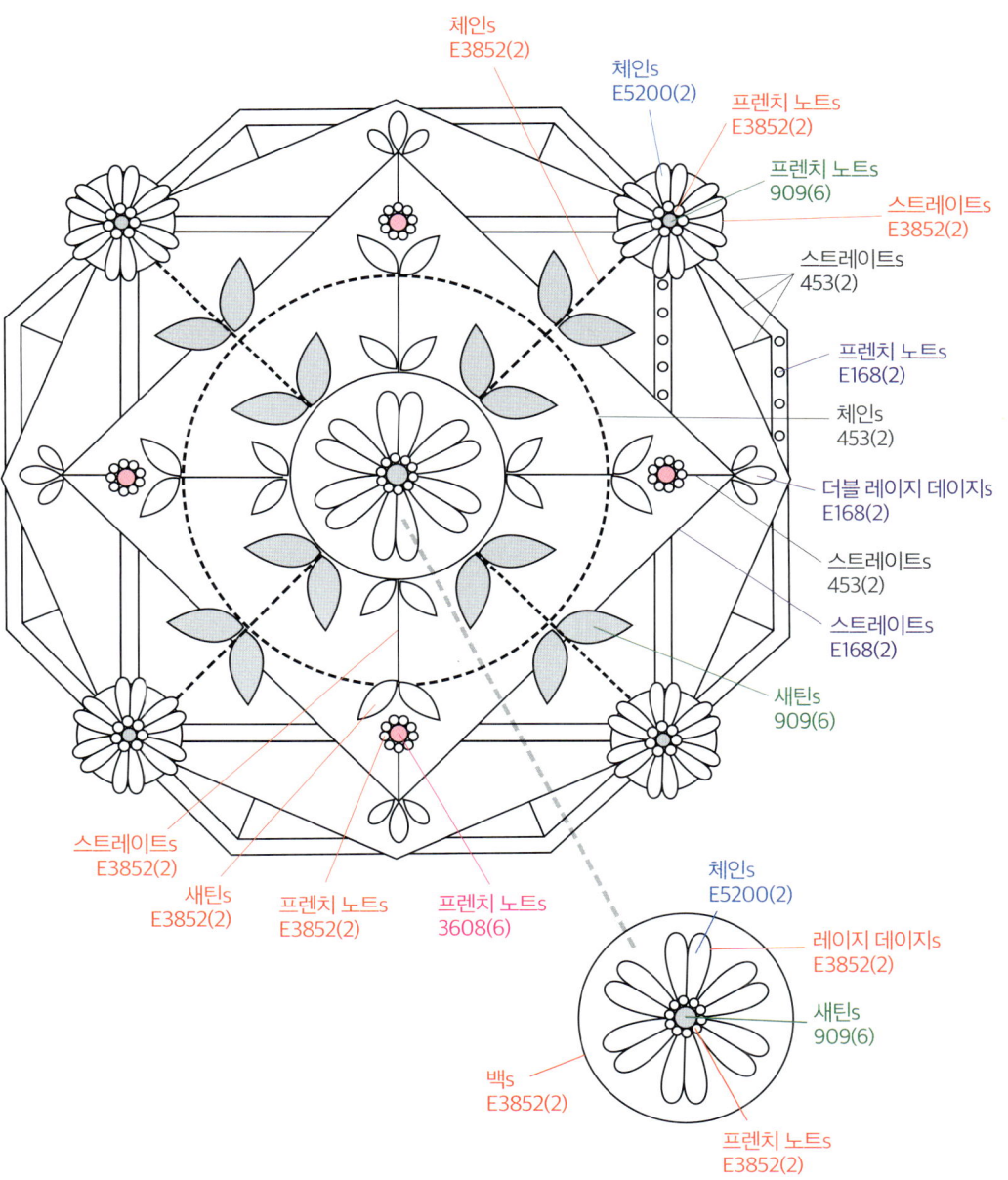

체인s
E3852(2)

체인s
E5200(2)

프렌치 노트s
E3852(2)

프렌치 노트s
909(6)

스트레이트s
E3852(2)

스트레이트s
453(2)

프렌치 노트s
E168(2)

체인s
453(2)

더블 레이지 데이지s
E168(2)

스트레이트s
453(2)

스트레이트s
E168(2)

새틴s
909(6)

스트레이트s
E3852(2)

새틴s
E3852(2)

프렌치 노트s
E3852(2)

프렌치 노트s
3608(6)

체인s
E5200(2)

레이지 데이지s
E3852(2)

새틴s
909(6)

백s
E3852(2)

프렌치 노트s
E3852(2)

도일리 골드워크 Doily Goldwork

사용한 원단   린넨(라이트 그레이)

사용한 실   DMC 25번사 : 321, 909, 3891   DMC 라이트 이펙트사 : E3852

사용한 스티치   새틴 스티치, 스트레이트 스티치, 스플릿 스티치, 아우트라인 스티치,

                      체인 스티치, 카우칭 스티치, 프렌치 노트 스티치

도안 ─────

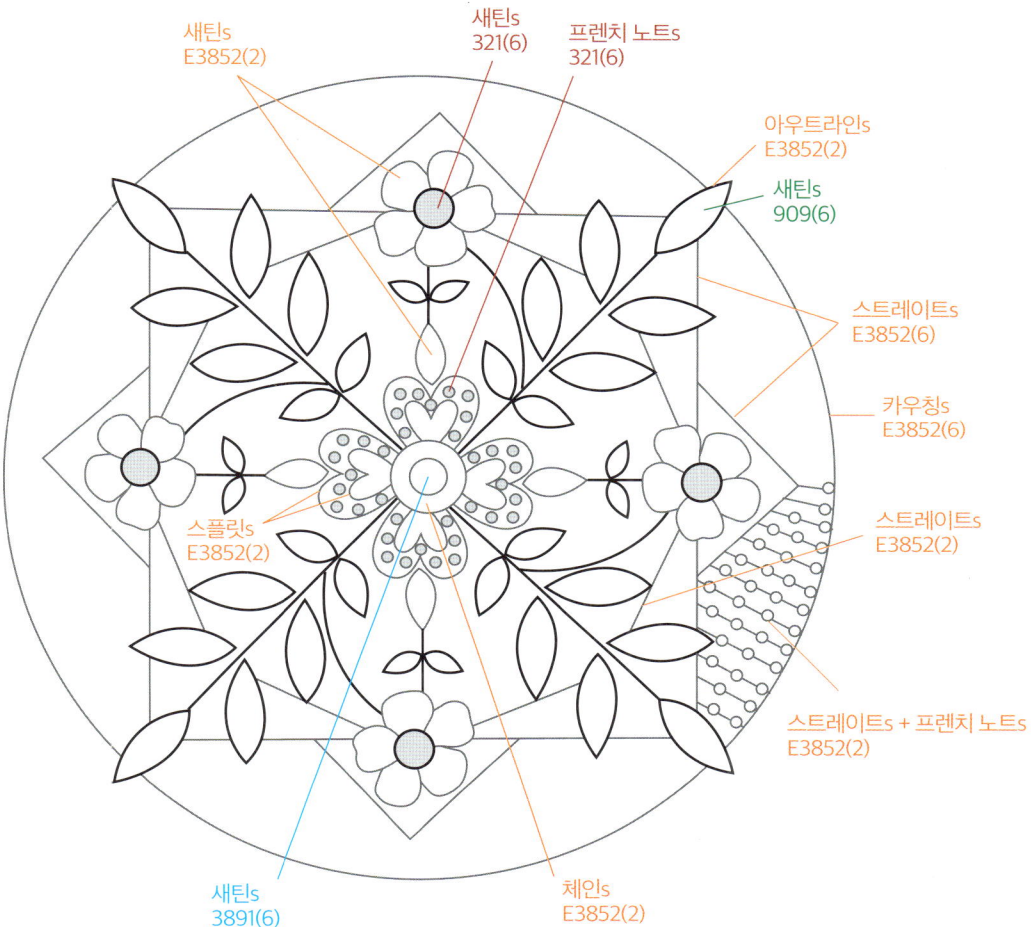

새틴s
E3852(2)

새틴s
321(6)

프렌치 노트s
321(6)

아우트라인s
E3852(2)

새틴s
909(6)

스트레이트s
E3852(6)

카우칭s
E3852(6)

스트레이트s
E3852(2)

스플릿s
E3852(2)

스트레이트s + 프렌치 노트s
E3852(2)

새틴s
3891(6)

체인s
E3852(2)

* **검은색 라인**은 E3852(2)로 아우트라인 스치티를 해주세요.
* 스트레이트 + 프렌치 노트 스티치로 면을 채우는 방법은 55쪽을 참고하세요.
* 금사 E3852 6가닥으로 스티치할 때 바늘귀가 큰 리본자수용 바늘을 사용하세요.

주얼리 쿠션 Jewelry Cushion

사용한 원단	린넨(카키 그레이)
사용한 실	DMC 25번사 : 318, 645, 3865　　　　　DMC 라이트 이펙트사 : E168, E3852
사용한 스티치	레이지 데이지 스티치, 백 스티치, 새틴 스티치, 스트레이트 스티치, 아웃트라인 스티치, 프렌치 노트 스티치

도안　　　실물 도안 별지

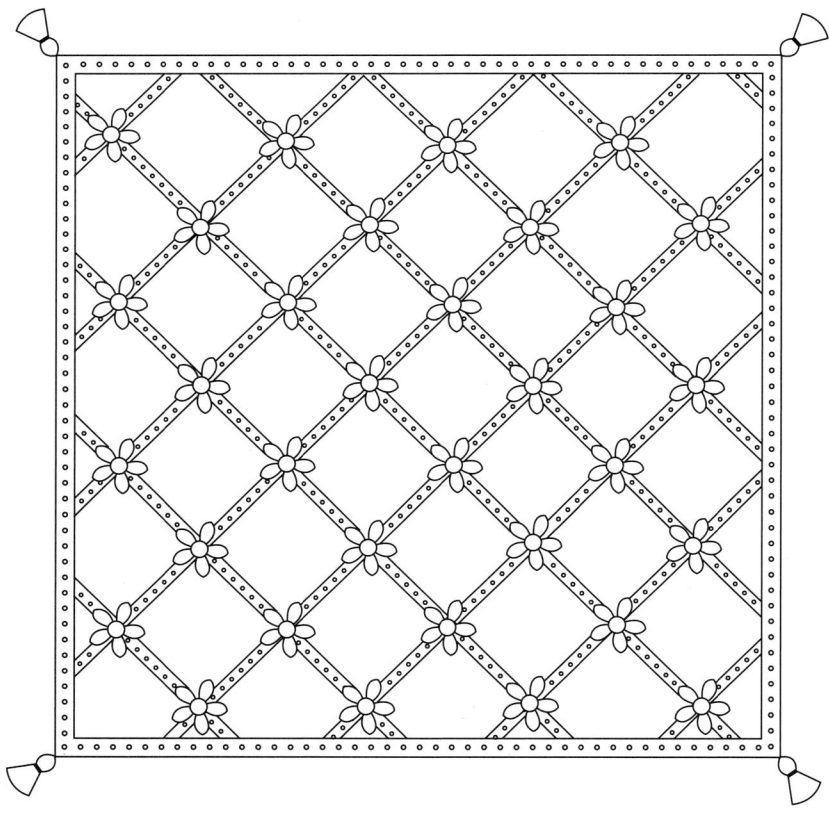

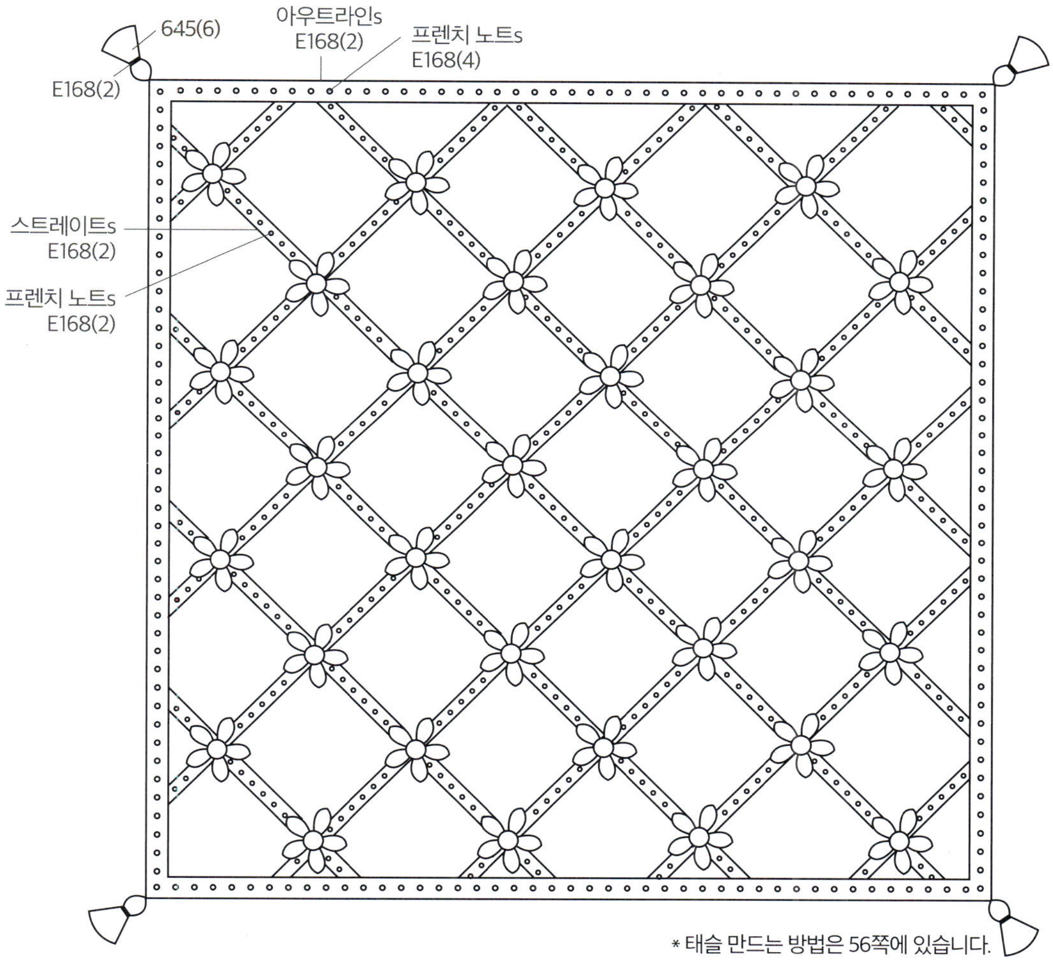

645(6)

E168(2)

아우트라인s
E168(2)

프렌치 노트s
E168(4)

스트레이트s
E168(2)

프렌치 노트s
E168(2)

* 태슬 만드는 방법은 56쪽에 있습니다.

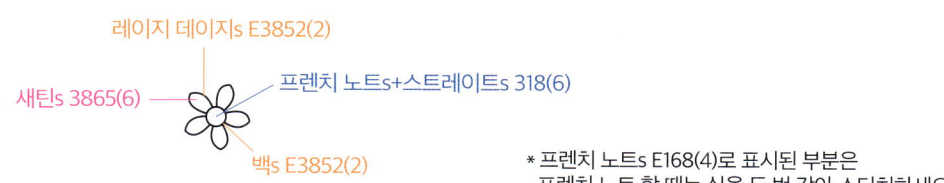

레이지 데이지s E3852(2)

새틴s 3865(6)

프렌치 노트s+스트레이트s 318(6)

백s E3852(2)

* 프렌치 노트s E168(4)로 표시된 부분은
  프렌치 노트 할 때는 실을 두 번 감아 스티치하세요.

그레이 꽃잎무리 스퀘어 Grey Square

사용한 원단	린넨(연그레이)
사용한 실	DMC 25번사 : 318, 414, 415, 762, 819 DMC 라이트 이펙트사 : E168
사용한 스티치	백 스티치, 새틴 스티치, 스트레이트 스티치, 아우트라인 스티치, 프렌치 노트 스티치, 휘프트 백 스티치

도안 실물 도안 별지

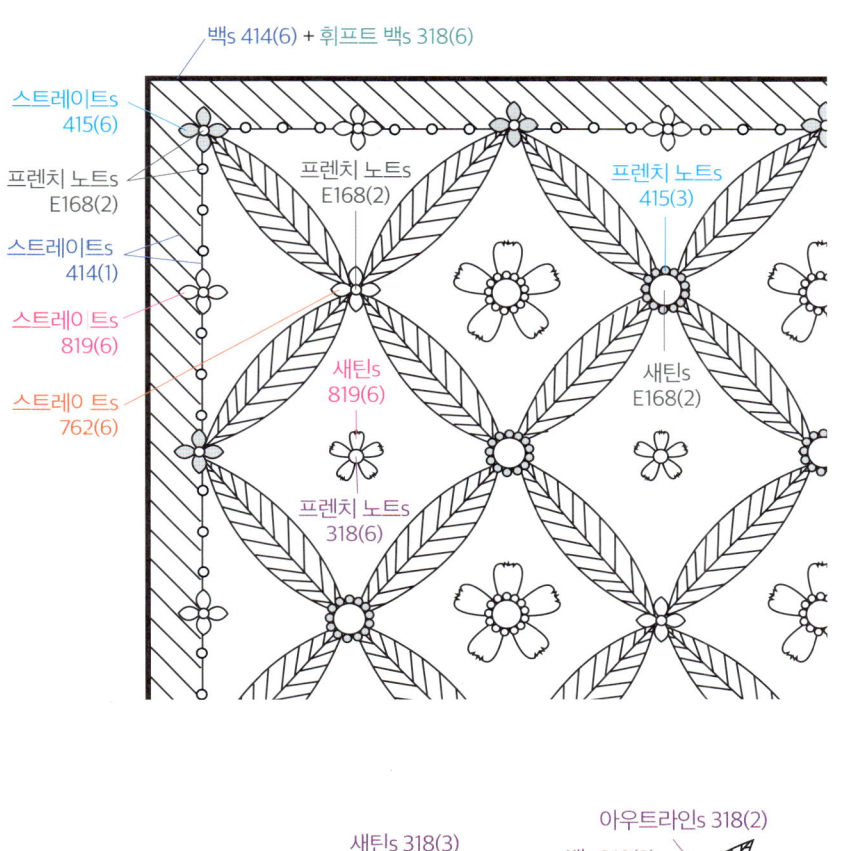

백s 414(6) + 휘프트 백s 318(6)

스트레이트s
415(6)

프렌치 노트s
E168(2)

스트레이트s
414(1)

스트레이트s
819(6)

스트레이트s
762(6)

프렌치 노트s
E168(2)

프렌치 노트s
415(3)

새틴s
819(6)

새틴s
E168(2)

프렌치 노트s
318(6)

새틴s 318(3)

새틴s 762(6)

프렌치 노트s E168(2)

아우트라인s 318(2)

백s 318(2)

스트레이트s 415(2)

골드 핑크 리스 Gold & Pink Wreath

도안

사용한 원단	린넨(연분홍)	
사용한 실	DMC 25번사 : 818, 819, 3609	DMC 라이트 이펙트사 : E3852
사용한 스티치	새틴 스티치, 카우칭 스티치, 프렌치 노트 스티치, 플라이 리프 스티치	

수놓기

새틴s 3609(3)

새틴s 818(3)

플라이 리프s E3852(2)

새틴s 818(3)

새틴s 3609(3)

프렌치 노트s
E3852(2)

카우칭s 819(6)

주얼 꽃링 티코스터 Jewel Flowers Ring

사용한 원단	린넨(화이트)
사용한 실	DMC 라이트 이펙트사 : E3852 　　　　　DMC 25번사 : 762, 824, 3840
사용한 스티치	새틴 스티치, 스트레이트 스티치, 스플릿 스티치, 아우트라인 스티치, 체인 스티치, 프렌치 노트 스티치

도안　　　실물 도안 별지

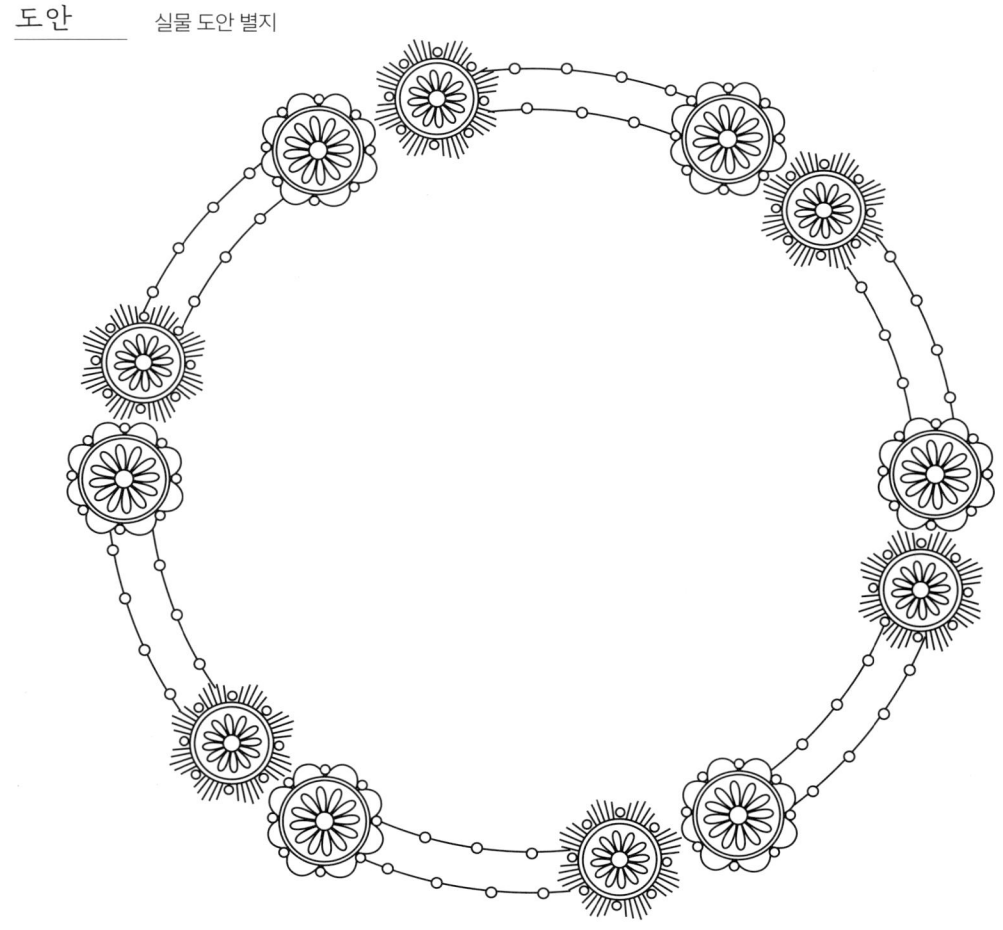

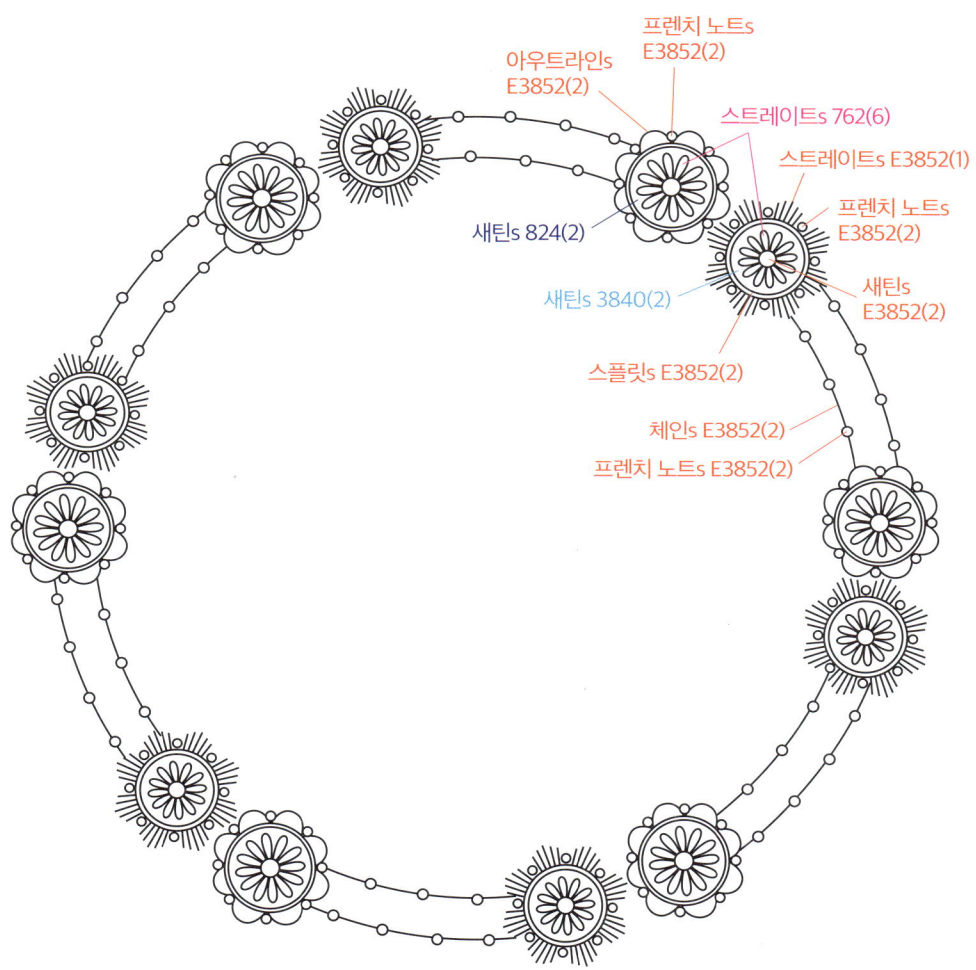

프렌치 노트s
E3852(2)

아우트라인s
E3852(2)

스트레이트s 762(6)

스트레이트s E3852(1)

프렌치 노트s
E3852(2)

새틴s 824(2)

새틴s
E3852(2)

새틴s 3840(2)

스플릿s E3852(2)

체인s E3852(2)

프렌치 노트s E3852(2)

레드 주얼 매트 Red Jewel Square

사용한 원단　　　린넨(짙은 빨강)

사용한 실　　　　DMC 라이트 이펙트사 : E168, E3852　　　　DMC 25번사 : 321, 699, 938

사용한 스티치　　백 스티치, 새틴 스티치, 체인 스티치, 프렌치 노트 스티치

도안　　　실물 도안 별지

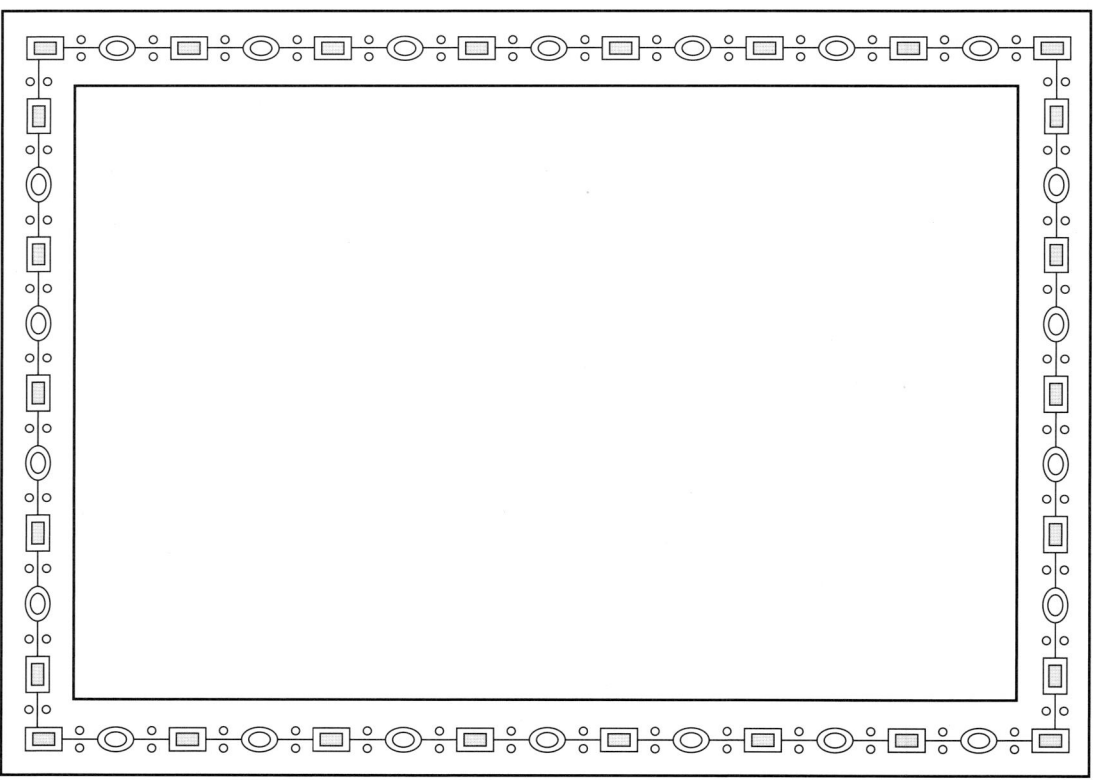

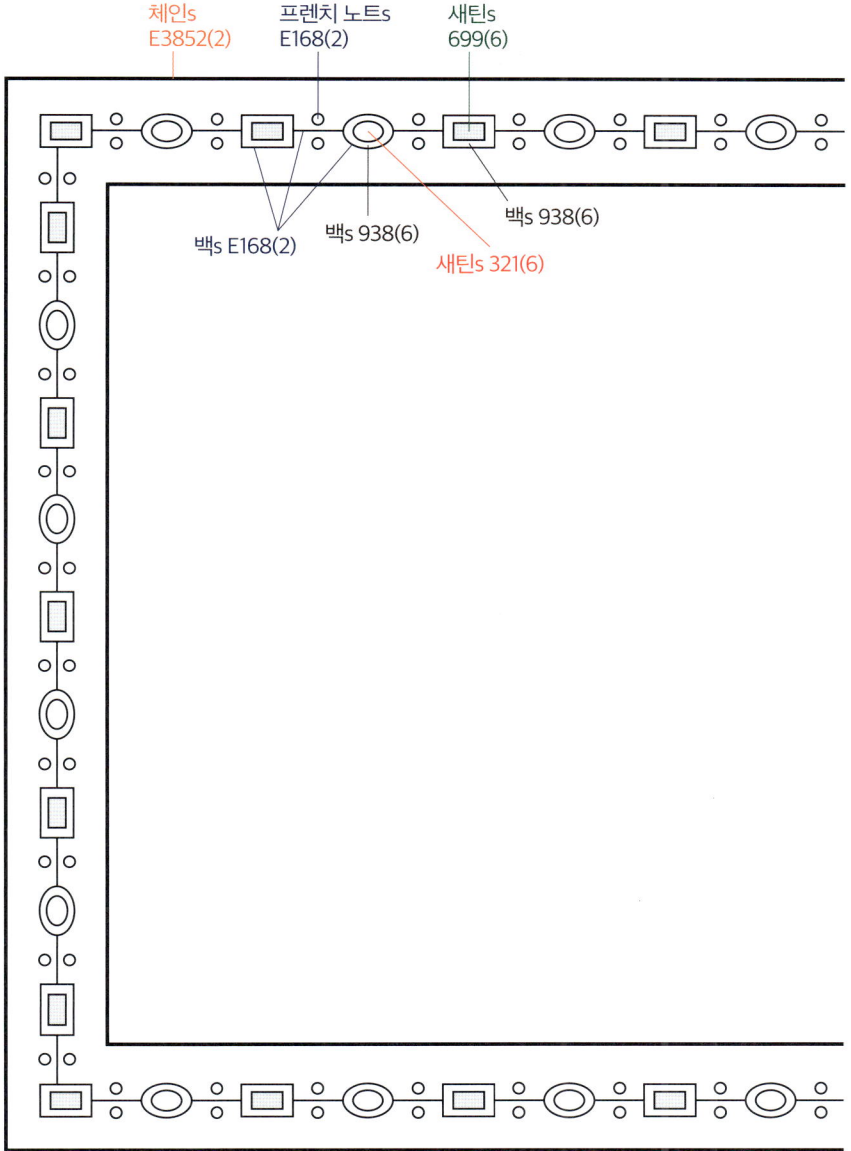

체인s
E3852(2)

프렌치 노트s
E168(2)

새틴s
699(6)

백s E168(2)

백s 938(6)

새틴s 321(6)

백s 938(6)

골드 주얼 스퀘어 매트 Gold Jewel Square

사용한 원단   린넨(베이지)

사용한 실   DMC 라이트 이펙트사 : E5200, E3852

                DMC 베리에이션사 : 4522   DMC 25번사 : 451, 3865

사용한 스티치   새틴 스티치, 스트레이트 스티치, 크로스 스티치, 프렌치 노트 스티치

도안   실물 도안 별지

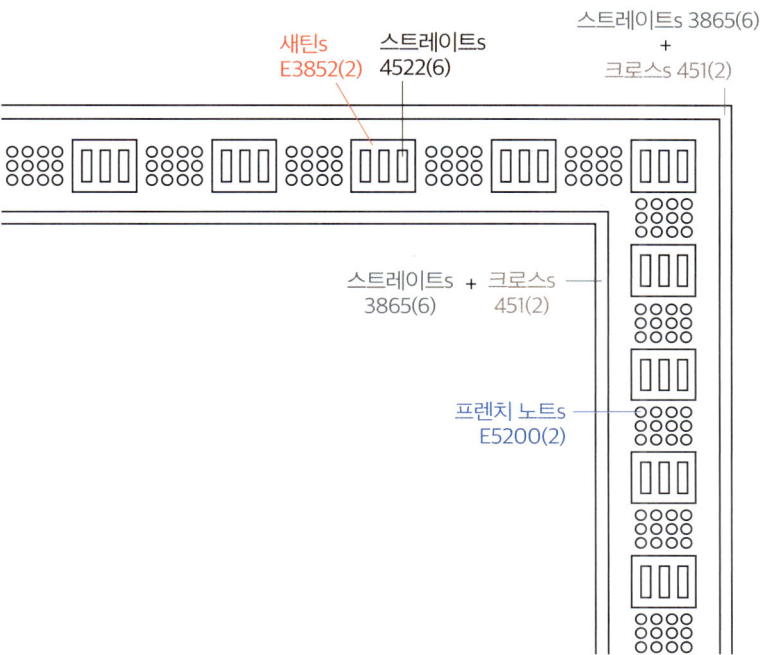

새틴s
E3852(2)

스트레이트s
4522(6)

스트레이트s 3865(6)
+
크로스s 451(2)

스트레이트s + 크로스s
3865(6)   451(2)

프렌치 노트s
E5200(2)

＊매트의 외곽선은
　먼저 DMC 3865번 실 6가닥으로 길게 스트레이트 스티치를 하고
　그 위에 451번 실 2가닥으로 크로스 스티치하여 고정해주세요.

레드 다이아몬드 꽃 티코스터 Red Daiamond Floral Tea Coaster

사용한 원단	린넨(레드)
사용한 실	DMC 라이트 이펙트사 : E3852　　　　DMC 25번사 : 321, 500, 728, 920, 921, 3865
사용한 스티치	새틴 스티치, 스트레이트 스티치, 아우트라인 스티치, 카우칭 스티치, 프렌치 노트 스티치

도안　　　실물 도안 별지

카우칭s
728(2)

아웃라인s
E3852(2)

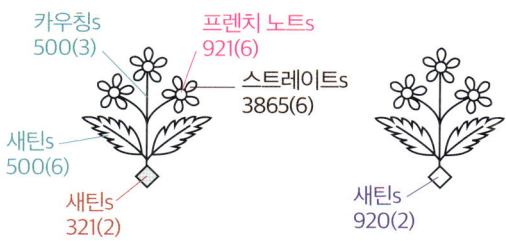

카우칭s
500(3)

프렌치 노트s
921(6)

스트레이트s
3865(6)

새틴s
500(6)

새틴s
321(2)

새틴s
920(2)

골드 트리 스퀘어 Gold Tree Square

사용한 원단	린넨(다크 그레이)
사용한 실	DMC 라이트 이펙트사 : E3852, E677
	DMC 베리에이션사 : 4047 DMC 25번사 : 304, 318, 699
사용한 스티치	롱 앤드 쇼트 스티치, 스트레이트 스티치, 카우칭 스티치, 프렌치 노트 스티치

도안   실물 도안 별지

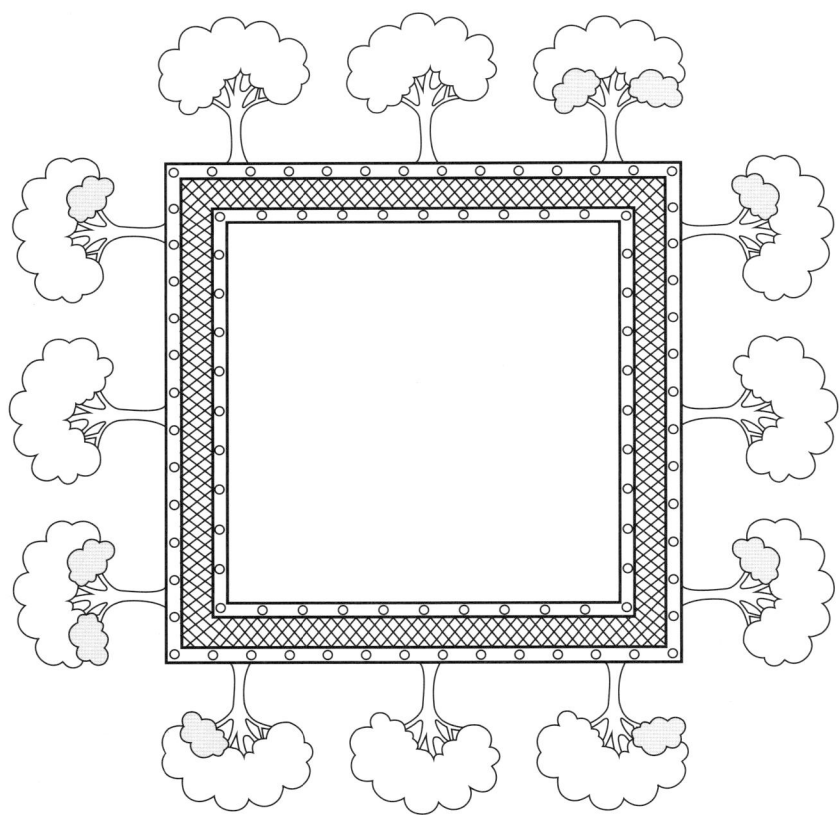

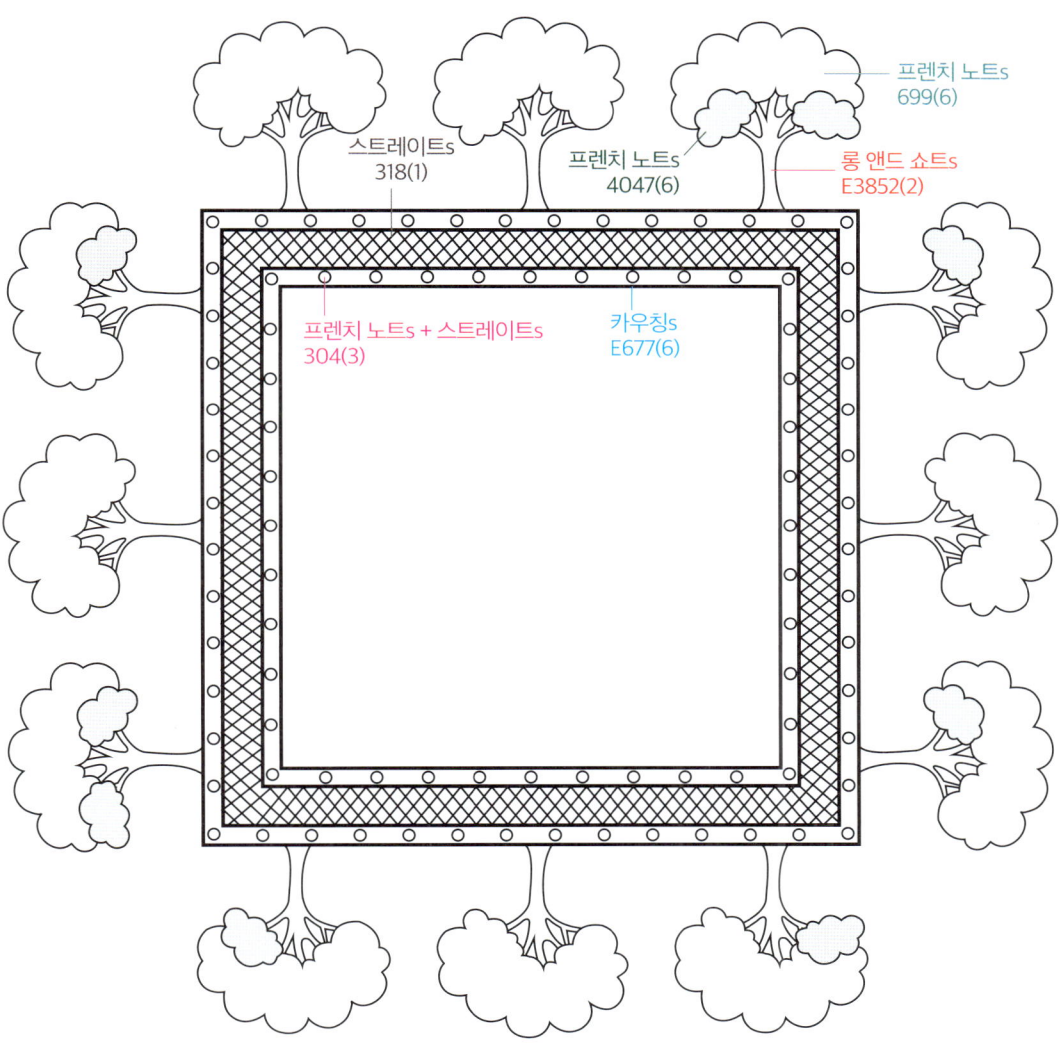

프렌치 노트s
699(6)

스트레이트s
318(1)

프렌치 노트s
4047(6)

롱 앤드 쇼트s
E3852(2)

프렌치 노트s + 스트레이트s
304(3)

카우칭s
E677(6)

＊라이트 이펙트사 E677 6가닥으로 스티치할 때
바늘귀가 큰 리본자수용 바늘을 사용하세요.

펜던트 티코스터 Pendant Tea Coaster

사용한 원단	린넨(카키 그레이)
사용한 실	DMC 라이트 이펙트사 : E3852, E168
	DMC 25번사 : 169, 210, 316, 318, 341, 413, 452, 645, 762, 926, 931
사용한 스티치	백 스티치, 레이지 데이지 스티치, 롱 앤 쇼트 스티치, 새틴 스티치, 스트레이트 스티치,
	스플릿 스티치, 아웃라인 스티치, 프렌치 노트 스티치

도안　　　실물 도안 별지

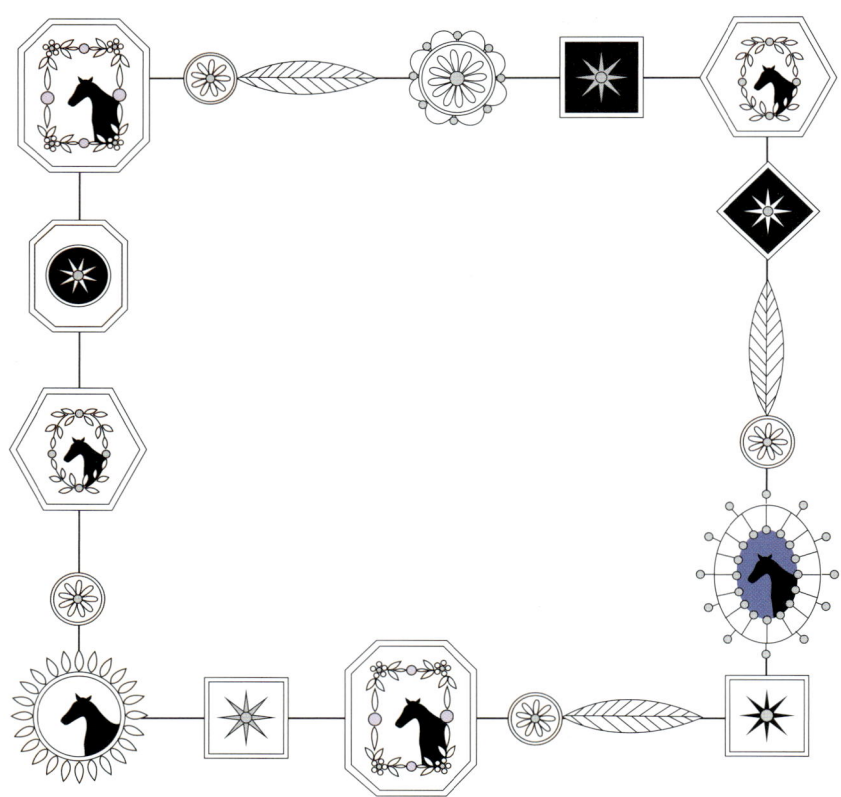

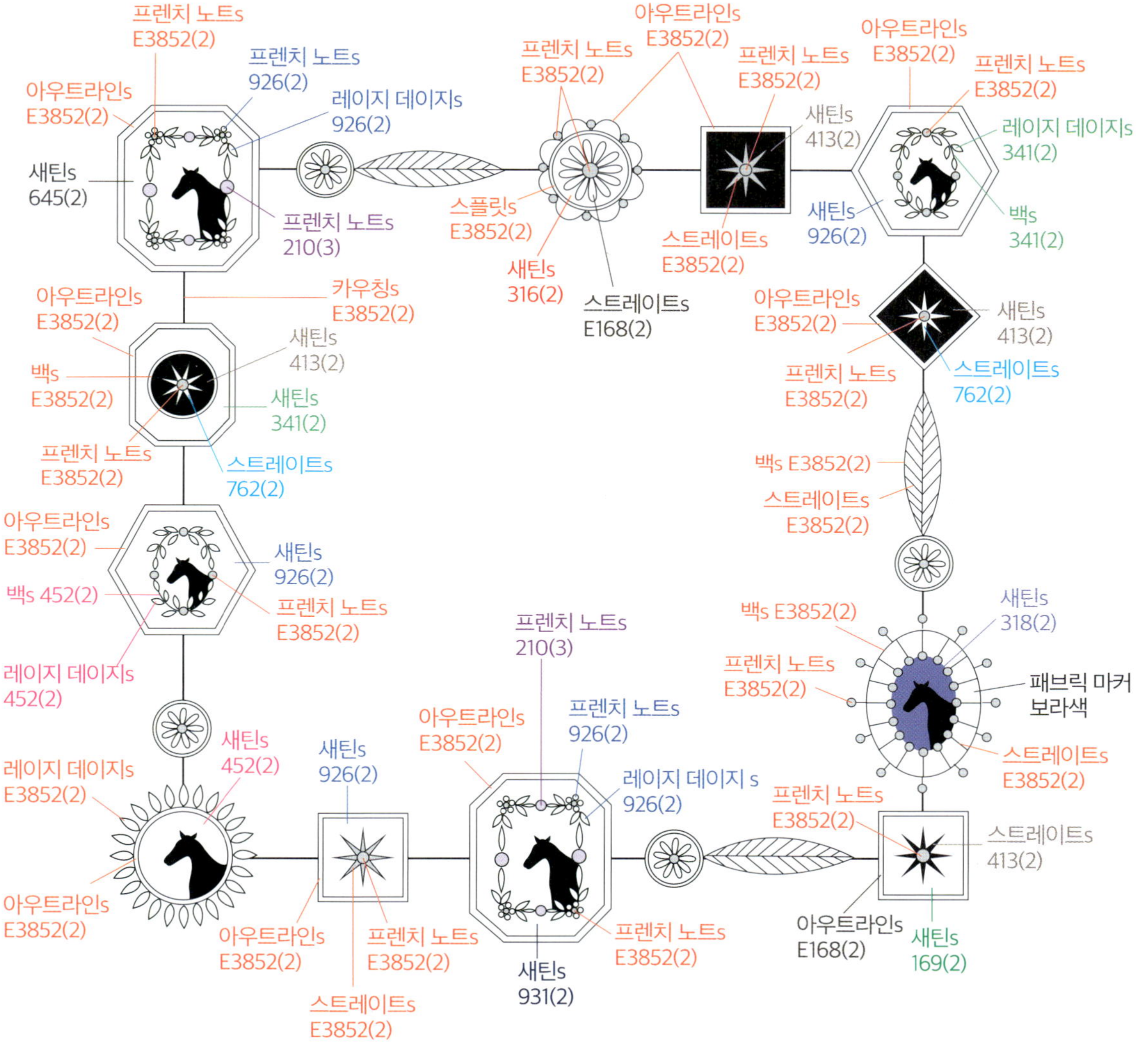

프렌치 노트s
E3852(2)

프렌치 노트s
926(2)

레이지 데이지s
926(2)

아우트라인s
E3852(2)

새틴s
645(2)

프렌치 노트s
210(3)

아우트라인s
E3852(2)

프렌치 노트s
E3852(2)

프렌치 노트s
E3852(2)

아우트라인s
E3852(2)

레이지 데이지s
341(2)

새틴s
413(2)

새틴s
926(2)

백s
341(2)

스플릿s
E3852(2)

새틴s
316(2)

스트레이트s
E3852(2)

스트레이트s
E168(2)

아우트라인s
E3852(2)

새틴s
413(2)

프렌치 노트s
E3852(2)

스트레이트s
762(2)

카우칭s
E3852(2)

아우트라인s
E3852(2)

새틴s
413(2)

백s
E3852(2)

새틴s
341(2)

프렌치 노트s
E3852(2)

스트레이트s
762(2)

백s E3852(2)

스트레이트s
E3852(2)

아우트라인s
E3852(2)

백s 452(2)

새틴s
926(2)

프렌치 노트s
E3852(2)

레이지 데이지s
452(2)

백s E3852(2)

새틴s
318(2)

프렌치 노트s
E3852(2)

패브릭 마커
보라색

레이지 데이지s
452(2)

새틴s
452(2)

프렌치 노트s
210(3)

아우트라인s
E3852(2)

프렌치 노트s
926(2)

스트레이트s
E3852(2)

프렌치 노트s
E3852(2)

레이지 데이지 s
926(2)

스트레이트s
413(2)

레이지 데이지s
E3852(2)

새틴s
926(2)

아우트라인s
E3852(2)

아우트라인s
E3852(2)

프렌치 노트s
E3852(2)

스트레이트s
E3852(2)

새틴s
931(2)

프렌치 노트s
E3852(2)

아우트라인s
E168(2)

새틴s
169(2)

* 말은 모두 DMC 413번 실 2가닥으로 새틴 스티치를 해주세요.

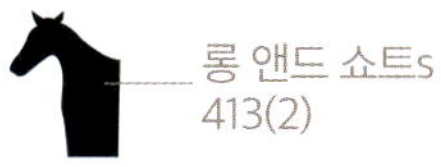

롱 앤드 쇼트s
413(2)

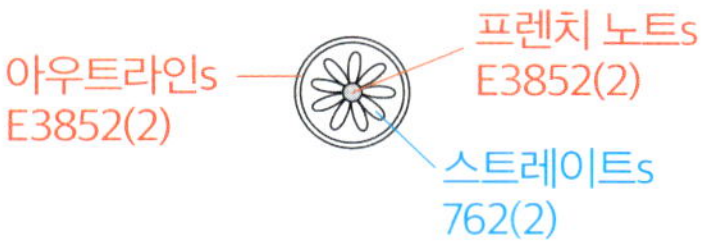

아우트라인s
E3852(2)

프렌치 노트s
E3852(2)

스트레이트s
762(2)

펜던트 주얼 스퀘어 Pendant Jewel Square

사용한 원단   린넨(화이트)

사용한 실   DMC 라이트 이펙트사 : E168   DMC 25번사 : 317, 414, 415, 762, 3865, B5200

사용한 스티치   백 스티치, 레이지 데이지 스티치, 롱 앤드 쇼트 스티치, 새틴 스티치, 스트레이트 스티치, 스플릿 스티치, 아웃라인 스티치, 카우칭 스티치, 프렌치 노트 스티치

도안   실물 도안 별지

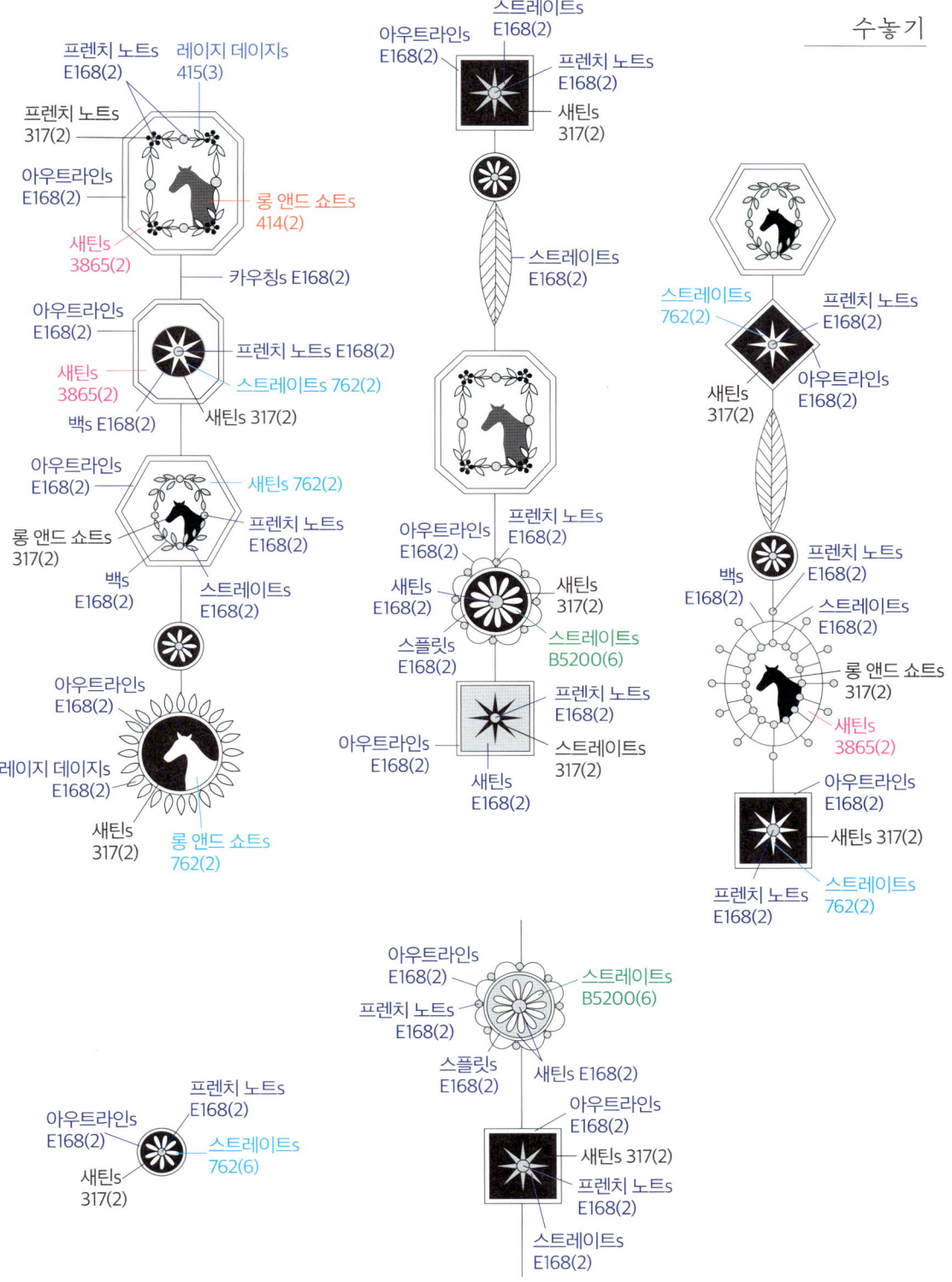

프렌치 노트s
E168(2)

레이지 데이지s
415(3)

프렌치 노트s
317(2)

아우트라인s
E168(2)

새틴s
3865(2)

롱 앤드 쇼트s
414(2)

카우칭s E168(2)

아우트라인s
E168(2)

새틴s
3865(2)

프렌치 노트s E168(2)

스트레이트s 762(2)

백s E168(2)

새틴s 317(2)

아우트라인s
E168(2)

새틴s 762(2)

롱 앤드 쇼트s
317(2)

프렌치 노트s
E168(2)

백s
E168(2)

스트레이트s
E168(2)

아우트라인s
E168(2)

레이지 데이지s
E168(2)

새틴s
317(2)

롱 앤드 쇼트s
762(2)

프렌치 노트s
E168(2)

아우트라인s
E168(2)

새틴s
317(2)

스트레이트s
762(6)

스트레이트s
E168(2)

아우트라인s
E168(2)

프렌치 노트s
E168(2)

새틴s
317(2)

스트레이트s
E168(2)

아우트라인s
E168(2)

프렌치 노트s
E168(2)

새틴s
E168(2)

스플릿s
E168(2)

새틴s
317(2)

스트레이트s
B5200(6)

아우트라인s
E168(2)

프렌치 노트s
E168(2)

스트레이트s
317(2)

새틴s
E168(2)

아우트라인s
E168(2)

스트레이트s
B5200(6)

프렌치 노트s
E168(2)

스플릿s
E168(2)

새틴s E168(2)

아우트라인s
E168(2)

새틴s 317(2)

프렌치 노트s
E168(2)

스트레이트s
E168(2)

스트레이트s
762(2)

프렌치 노트s
E168(2)

새틴s
317(2)

아우트라인s
E168(2)

백s
E168(2)

프렌치 노트s
E168(2)

스트레이트s
E168(2)

롱 앤드 쇼트s
317(2)

새틴s
3865(2)

아우트라인s
E168(2)

새틴s 317(2)

프렌치 노트s
E168(2)

스트레이트s
762(2)

실버 로즈 티매트 Silver Rose Teamat

사용한 원단	린넨(진녹색)
사용한 실	DMC 25번사 : 168, 3756　　　　　　　　DMC 라이트 이펙트사 : E168, E3852
사용한 스티치	새틴 스티치, 스트레이트 스티치, 카우칭 스티치, 프렌치 노트 스티치

도안　　　실물 도안 별지

새틴s 3756(6)

새틴s 168(6)

프렌치 노트s E168(2)

스트레이트s E3852(2)

카우칭s E168(2)

포도넝쿨_ 크림 온 라벤더 Grapes_Cream on Lavender

사용한 원단 린넨(스카이블루)
사용한 실 DMC 25번사 : 3865
사용한 스티치 새틴 스티치, 스트레이트 스티치, 아우트라인 스티치, 프렌치 노트 스티치

도안 실물 도안 별지

아우트라인s 3865(3)

스트레이트s 3865(3)

새틴s 3865(3)

프렌치 노트s 3865(6)

포도넝쿨_ 라벤더 온 크림 Grapes_Lavender on Cream

사용한 원단	린넨(백아이보리)
사용한 실	DMC 25번사 : 809, 827, 3325, 3840
사용한 스티치	새틴 스티치, 스트레이트 스티치, 아웃라인 스티치, 프렌치 노트 스티치

도안　　　실물 도안 별지

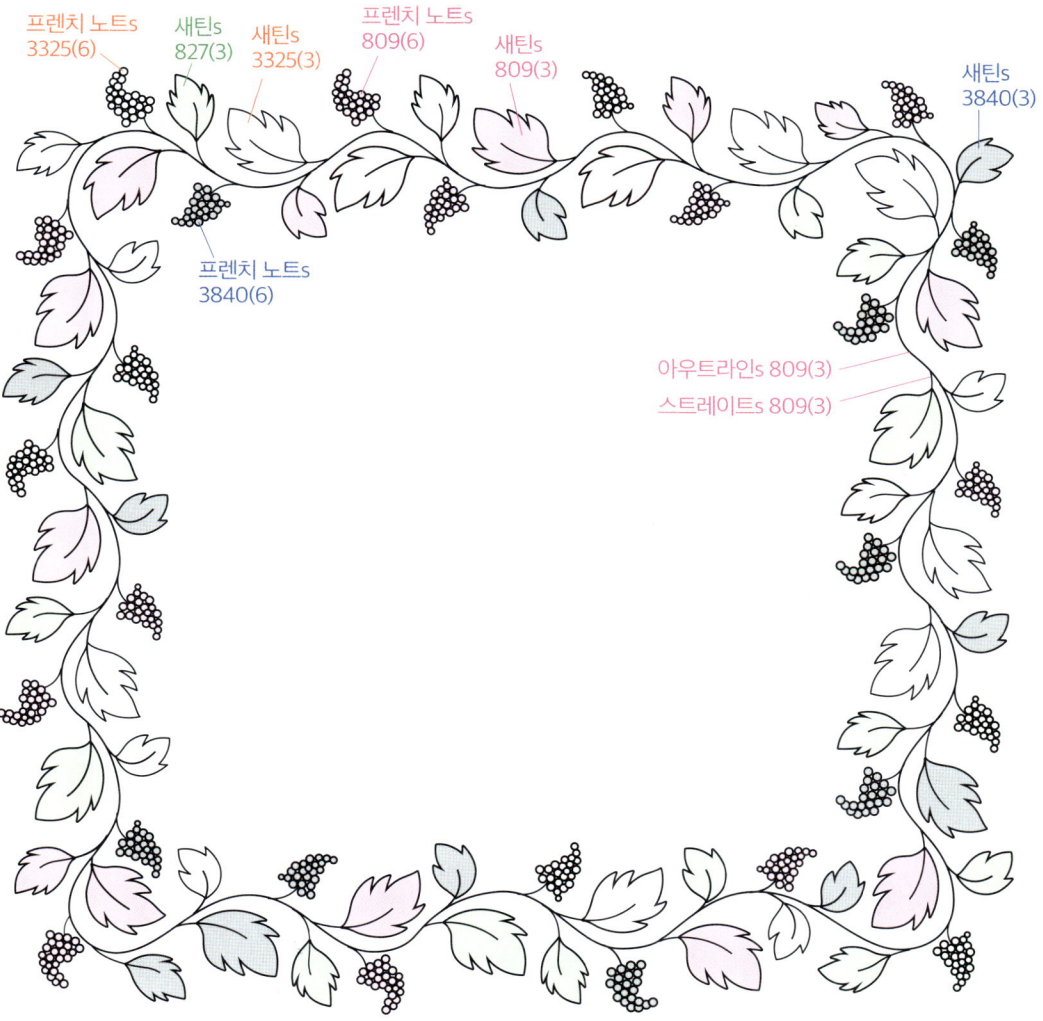

프렌치 노트s
3325(6)

새틴s
827(3)

새틴s
3325(3)

프렌치 노트s
809(6)

새틴s
809(3)

새틴s
3840(3)

프렌치 노트s
3840(6)

아우트라인s 809(3)

스트레이트s 809(3)

○ : 809
● : 827
○ : 3325
○ : 3840

포도넝쿨_ 핑크 온 크림 Grapes_ Pink on Cream

사용한 원단	린넨(백아이보리)
사용한 실	DMC 25번사 : 151, 225, 761, 818
사용한 스티치	새틴 스티치, 스트레이트 스티치, 아우트라인 스티치, 프렌치 노트 스티치

도안   실물 도안 별지

프렌치 노트s
151(6)

새틴s
225(3)

프렌치 노트s
818(6)

새틴s
818(3)

새틴s
151(3)

프렌치 노트s
761(6)

새틴s
761(3)

아우트라인s
151(3)

스트레이트s
151(3)

○ : 151
● : 225
○ : 761
○ : 818

포도넝쿨 Grapes

사용한 원단	린넨(백아이보리)
사용한 실	DMC 25번사 : 433, 505, 550, 704, 780, 905, 989, 3837
사용한 스티치	백 스티치, 휘프트 백 스티치, 새틴 스티치, 스트레이트 스티치, 프렌치 노트 스티치

도안   실물 도안 별지

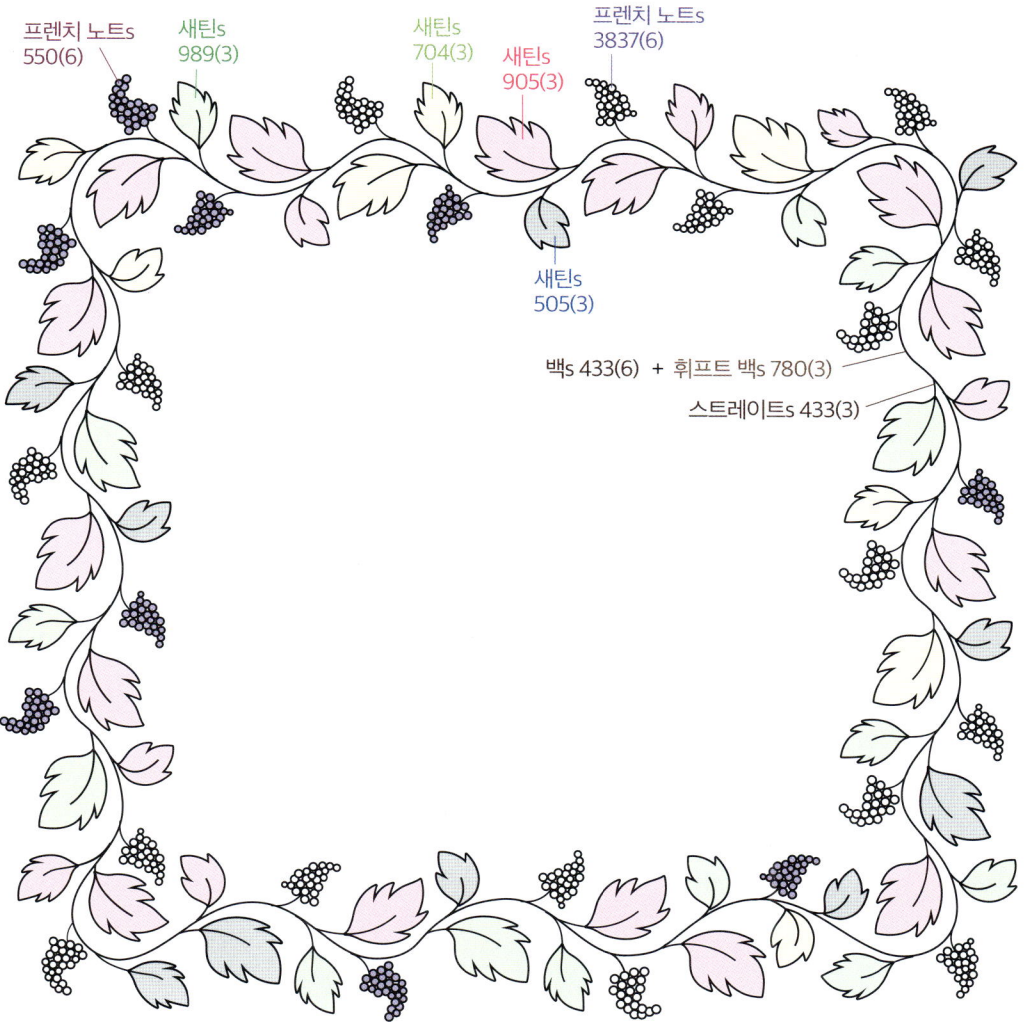

프렌치 노트s
550(6)

새틴s
989(3)

새틴s
704(3)

새틴s
905(3)

프렌치 노트s
3837(6)

새틴s
505(3)

백s 433(6) + 휘프트 백s 780(3)

스트레이트s 433(3)

○ : 505
◉ : 550
○ : 704
○ : 905
◉ : 989
○ : 3837

나무 자수 매트 Trees Square

사용한 원단   린넨(백아이보리)

사용한 실   DMC 25번사 : 163, 300, 304, 433, 470, 503, 505, 677, 703, 809, 921, 987, 3345, 3813, 3853

사용한 스티치   롱 앤드 쇼트 스티치, 새틴 스티치, 스트레이트 스티치, 아웃트라인 스티치, 체인 스티치, 카우칭 스티치, 프렌치 노트 스티치

도안   실물 도안 별지

체인s 505(3)

프렌치 노트s 304(6)

체인s 987(3)

프렌치 노트s 3853(6)

아우트라인s 300(3)

스트레이트s 300(3)

체인s 470(3)

아우트라인s 433(3)

스트레이트s 3345(6)

스트레이트s 433(3)

스트레이트s 300(3)

롱 앤드 쇼트s 433(6)

롱 앤드 쇼트s 300(6)

롱 앤드 쇼트s 433(6)

체인s 163(3)

아우트라인s 300(3)

롱 앤드 쇼트s 300(6)

스트레이트s 3813(2)

프렌치 노트s 503(2)

체인s 677(2)

아우트라인s 809(6)

롱 앤드 쇼트s 703(3)

새틴s 3853(6)

롱 앤드 쇼트s 433(6)

새틴s 921(6)

카우칭s 163(6)

스트레이트s 470(2)

파슬리 자수 매트 Parsley Square

사용한 원단   옥스퍼드(라이트 스카이블루)

사용한 실   DMC 25번사 : 470, 503, 561, 809, 905, 3865, 3894

사용한 스티치   레이지 데이지 스티치, 새틴 스티치, 스트레이트 스티치, 아우트라인 스티치, 카우칭 스티치,
프렌치 노트 스티치

도안   실물 도안 별지

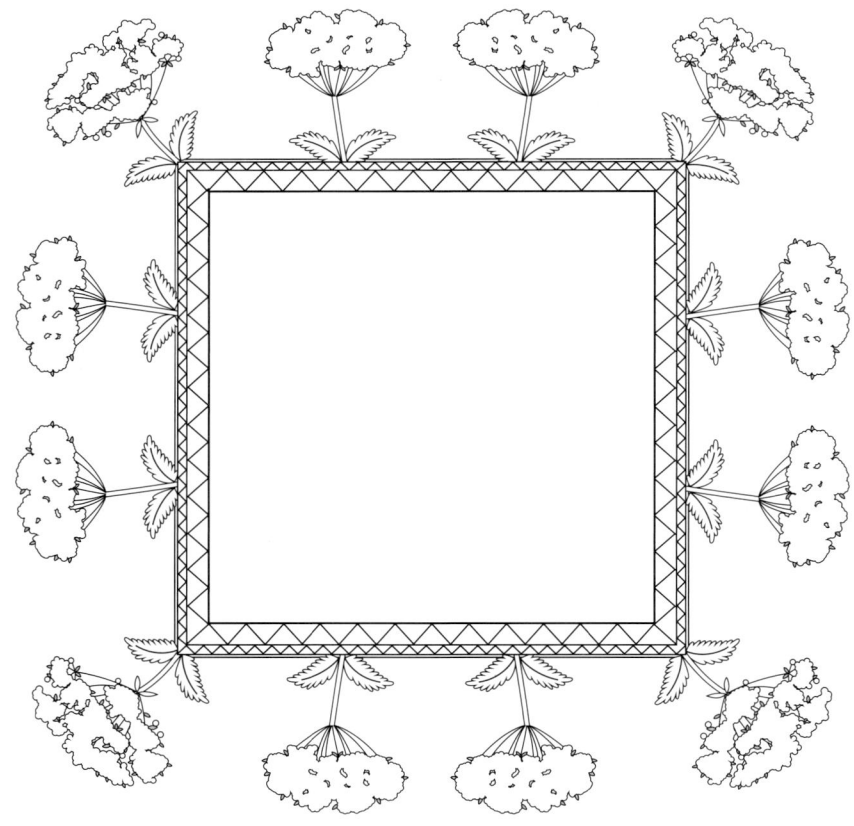

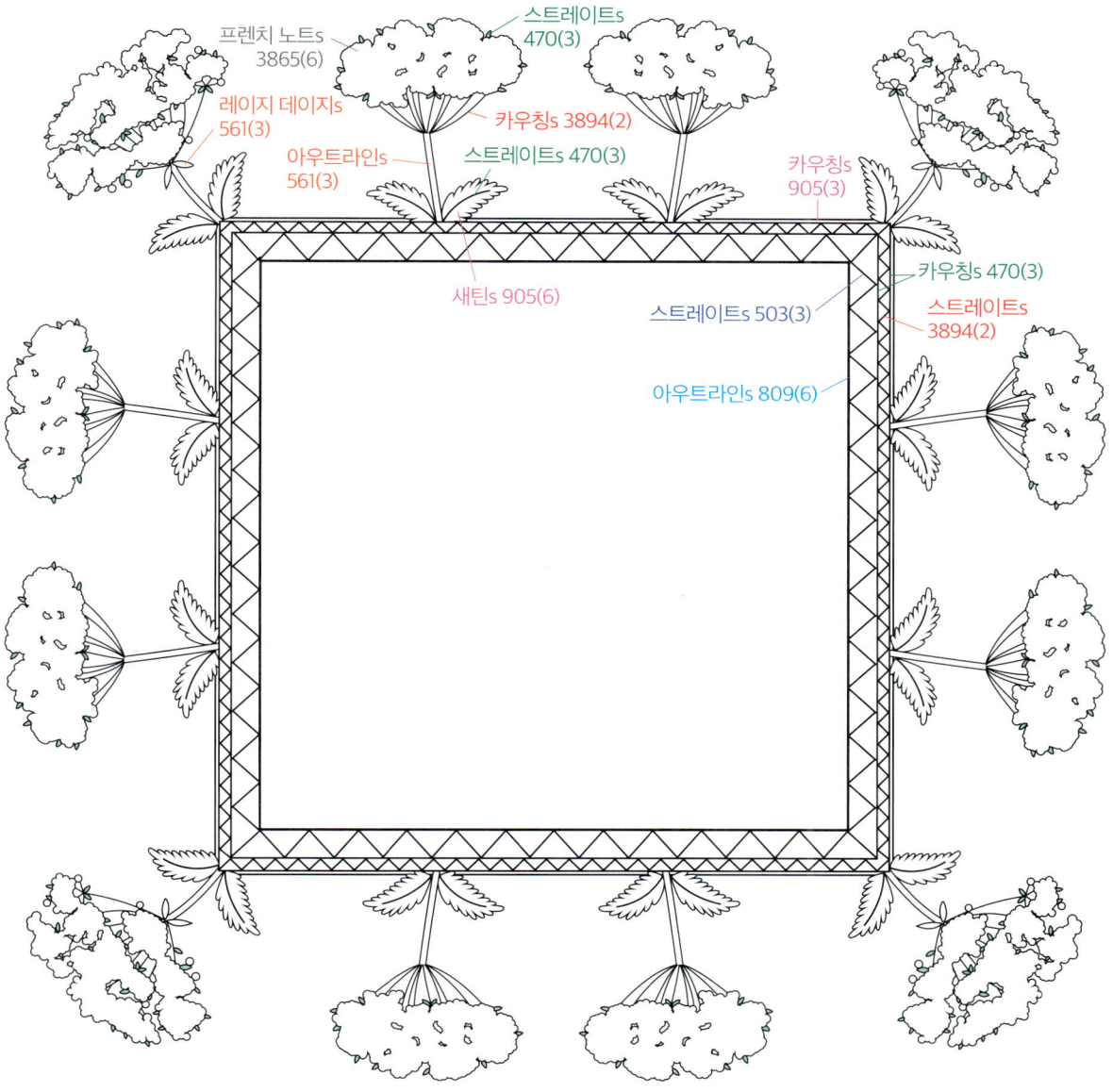

미스 라일락 Miss Lilac

사용한 원단	옥스포드(퍼플그레이)
사용한 실	DMC 25번사 : 561, 581, 905, 915, 3608, 3609
	DMC 라이트 이펙트사 : E3852
사용한 스티치	레이지 데이지 스티치, 새틴 스티치, 스트레이트 스티치, 아우트라인 스티치, 카우칭 스티치,
	프렌치 노트 스티치

도안   실물 도안 별지

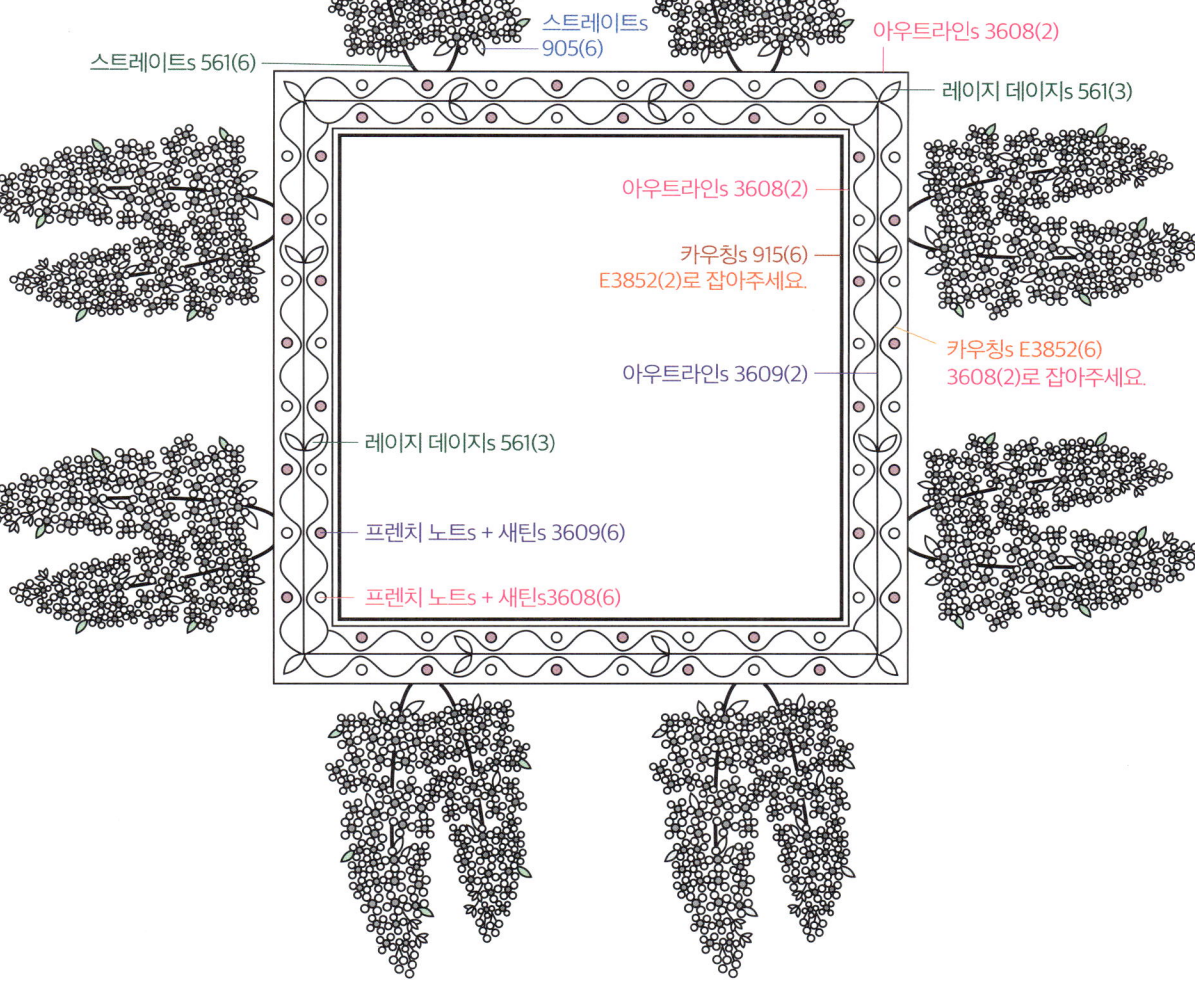

스트레이트s 3608(6)

프렌치 노트s 3608(6)

프렌치 노트s 3608(6)

스트레이트s 581(2)

프렌치 노트s 915(2)

스트레이트s 581(6)

스트레이트s 905(6)

아우트라인s 3608(2)

스트레이트s 561(6)

레이지 데이지s 561(3)

아우트라인s 3608(2)

카우칭s 915(6) E3852(2)로 잡아주세요.

카우칭s E3852(6) 3608(2)로 잡아주세요.

아우트라인s 3609(2)

레이지 데이지s 561(3)

프렌치 노트s + 새틴s 3609(6)

프렌치 노트s + 새틴s3608(6)

※ 도안을 옮길 때 꽃 중심만 표시하세요.

● : 915(2)
○ : 3608(6)

꽃 중심을 먼저 스티치한 후
좌우상하 네 개의 프렌치 노트 스티치를 하면
쉽게 꽃송이를 완성할 수 있어요.

※ 라일락 속 잎

스트레이트s 581(6)
스트레이트s 905(6)

꽃무리 자수 매트 Flowers Square

사용한 원단	린넨(라이트 그레이)
사용한 실	DMC 25번사 : 157, 326, 347, 581, 905, 921, 935, 3345, 3609, 3820, 3839, 3847, 3865
사용한 스티치	새틴 스티치, 스트레이트 스티치, 아우트라인 스티치, 카우칭 스티치, 프렌치 노트 스티치

도안　　　실물 도안 별지

스트레이트s 3820(6)
스트레이트s 935(3)
프렌치 노트s 921(3)
스트레이트s 905(2)
새틴s 3609(6)
프렌치 노트s 326(6)
아우트라인s 935(3)
새틴s 3839(3)
프렌치 노트s 3865(3)
카우칭s 3847(3)
새틴s 581(3)
새틴s 3345(3)
새틴s 3345(3)
새틴s 3345(3)
새틴s 347(3)
스트레이트s 347(2)
카우칭s 905(2)
새틴s 3345(3)
스트레이트s 157(3)
프렌치 노트s 3839(3)
프렌치 노트s 3839(3)
아우트라인s 3839(6)
카우칭s 3847(3)
새틴s 3345(3)
스트레이트s 3847(3)
프렌치 노트s 3820(3)
새틴s 3345(3)
새틴s 3345(3)
프렌치 노트s 921(3)
스트레이트s 3820(6)
프렌치 노트s 157(3)
프렌치 노트s 3865(3)

블루 스퀘어 카펫 Blue Square Carpet

사용한 원단	린넨(라이트 그레이)
사용한 실	DMC 25번사 : 321, 796, 825　　　　　DMC 라이트 이펙트사 : E168, E825, E3852
사용한 스티치	레이지 데이지 스티치, 새틴 스티치, 스트레이트 스티치, 스파이더 웹 로즈 스티치, 아우트라인 스티치, 프렌치 노트 스티치

도안　　　실물 도안 별지

796(6)
E168(2)

새틴s E825(2)

새틴s E3852(2)

스트레이트s 796(6)

프렌치 노트s E3852(2)

스트레이트s 796(6)

아우트라인s 796(2)

프렌치 노트s E825(2)

새틴s 825(6)
프렌치 노트s E825(2)

스트레이트s E168(2)

프렌치 노트s E168(2)

프렌치 노트s E168(2)
스파이더 웹 로즈s 825(6)

새틴s E168(2)

새틴s 796(6)

프렌치 노트s E825(2)

프렌치 노트s 321(2)
스트레이트s E3852(2)
레이지 데이지s 796(6)

프렌치 노트s 321(6)

* 태슬 만드는 방법은 56쪽에 있습니다.

그린 에메랄드 Green Emerald

사용한 원단	린넨(화이트)
사용한 실	DMC 25번사 : 910 DMC 베리에이션사 : 4050
사용한 스티치	레이지 데이지 스티치, 스트레이트 스티치, 아우트라인 스티치, 카우칭 스티치, 프렌치 노트 스티치

도안   실물 도안 별지

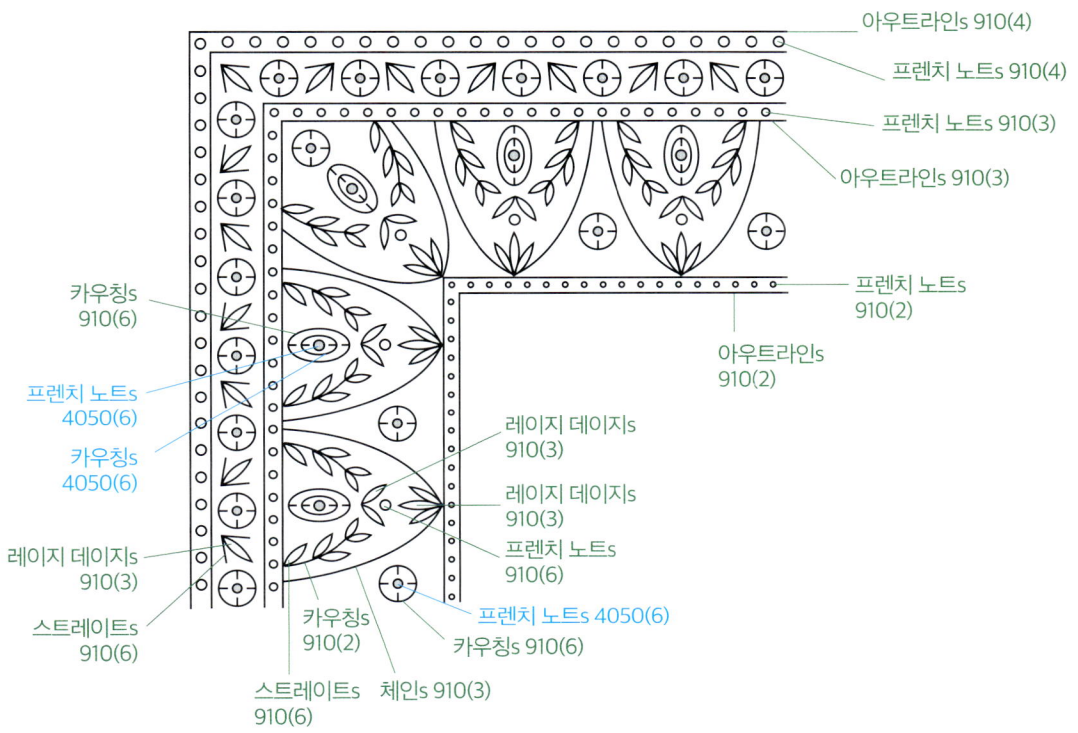

아우트라인s 910(4)

프렌치 노트s 910(4)

프렌치 노트s 910(3)

아우트라인s 910(3)

프렌치 노트s
910(2)

아우트라인s
910(2)

카우칭s
910(6)

프렌치 노트s
4050(6)

카우칭s
4050(6)

레이지 데이지s
910(3)

스트레이트s
910(6)

레이지 데이지s
910(3)

레이지 데이지s
910(3)

프렌치 노트s
910(6)

프렌치 노트s 4050(6)

카우칭s 910(6)

카우칭s
910(2)

스트레이트s   체인s 910(3)
910(6)

*카우칭 스티치로 완벽한 원 만들기
기준이 되는 네 개의 짧은 선을 먼저 스티치한 후 그 밑으로 실을 통과시켜 완성하는 방법입니다.
우선 기둥이 될 네 개의 선을 스트레이트 스티치한 후 빨간 점으로 나와
스티치되어 있는 실 밑으로 빙글빙글 두 바퀴 돌려 빨간 점으로 다시 들어가 마무리합니다.

카우칭s   카우칭s   카우칭s
910(6)   4050(6)   910(6)

플라워 링 Flowers Rings

사용한 원단	샤(라이트 그레이)
사용한 실	DMC 25번사 : 561 DMC 베리에이션사 : 4040
	DMC 라이트 이펙트사 : E168, E321, E699, E3852
사용한 스티치	링 스티치, 새틴 스티치, 스트레이트 스티치, 아웃라인 스티치, 프렌치 노트 스티치

도안   실물 도안 별지

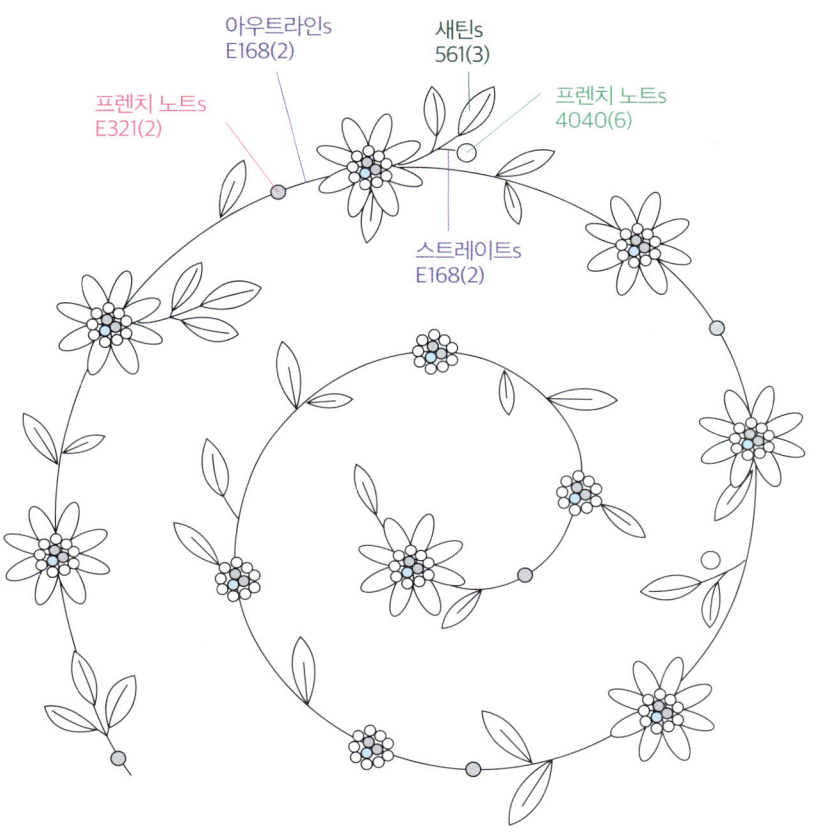

아우트라인s
E168(2)

새틴s
561(3)

프렌치 노트s
4040(6)

프렌치 노트s
E321(2)

스트레이트s
E168(2)

※ 꽃 도안
　꽃잎은 링 스티치를 한 후 연결된 실 부분은 가위로 잘라주세요.

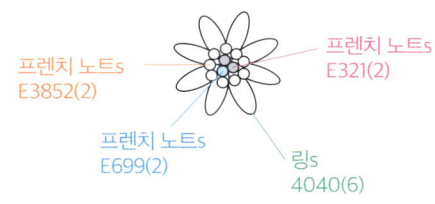

프렌치 노트s
E3852(2)

프렌치 노트s
E321(2)

프렌치 노트s
E699(2)

링s
4040(6)

※ 도안을 옮길 때는 프렌치 노트 스티치를 하는
　꽃 중심만 옮겨 그리세요.

※ 꽃잎은 좌우상하 십자 모양으로 링 스티치를 해서
　기준을 잡으면 완성하기 쉬워요.

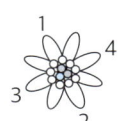

1
4
3
2

141

플라워 라인 Flowers Line

사용한 원단	샤(백아이보리)
사용한 실	DMC 25번사 : 415, 762, 3609, 3812 DMC 라이트 이펙트사 : E168
사용한 스티치	스트레이트 스티치, 아우트라인 스티치, 프렌치 노트 스티치

도안   실물 도안 별지

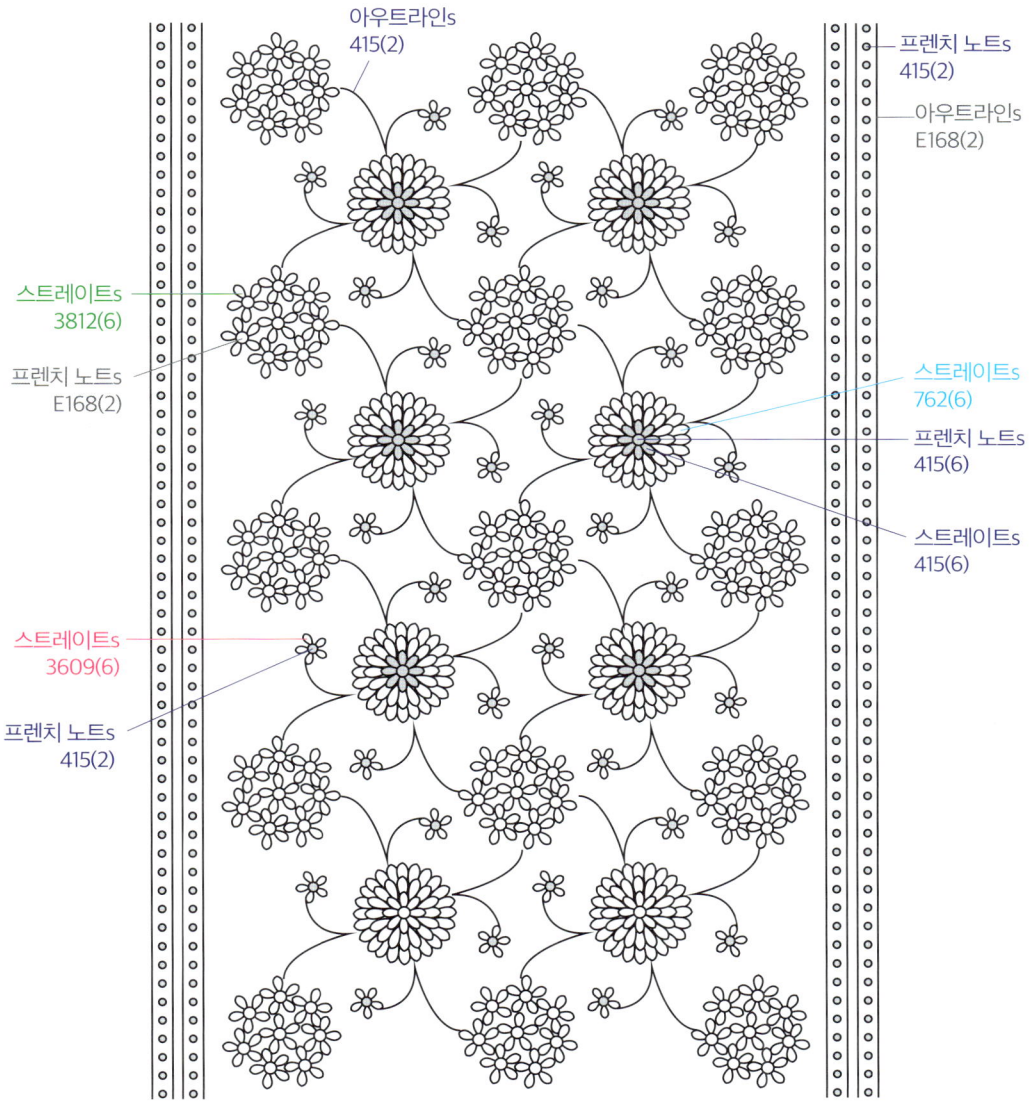

아우트라인s
415(2)

프렌치 노트s
415(2)

아우트라인s
E168(2)

스트레이트s
3812(6)

프렌치 노트s
E168(2)

스트레이트s
762(6)

프렌치 노트s
415(6)

스트레이트s
415(6)

스트레이트s
3609(6)

프렌치 노트s
415(2)

그린 & 화이트 Green & White

사용한 원단   린넨(스킨 베이지)

사용한 실   DMC 25번사 : 700, 3865

사용한 스티치   레이지 데이지 스티치, 새틴 스티치, 스트레이트 스티치, 스파이더 웹 로즈 스티치,
아우트라인 스티치, 프렌치 노트 스티치

도안   실물 도안 별지

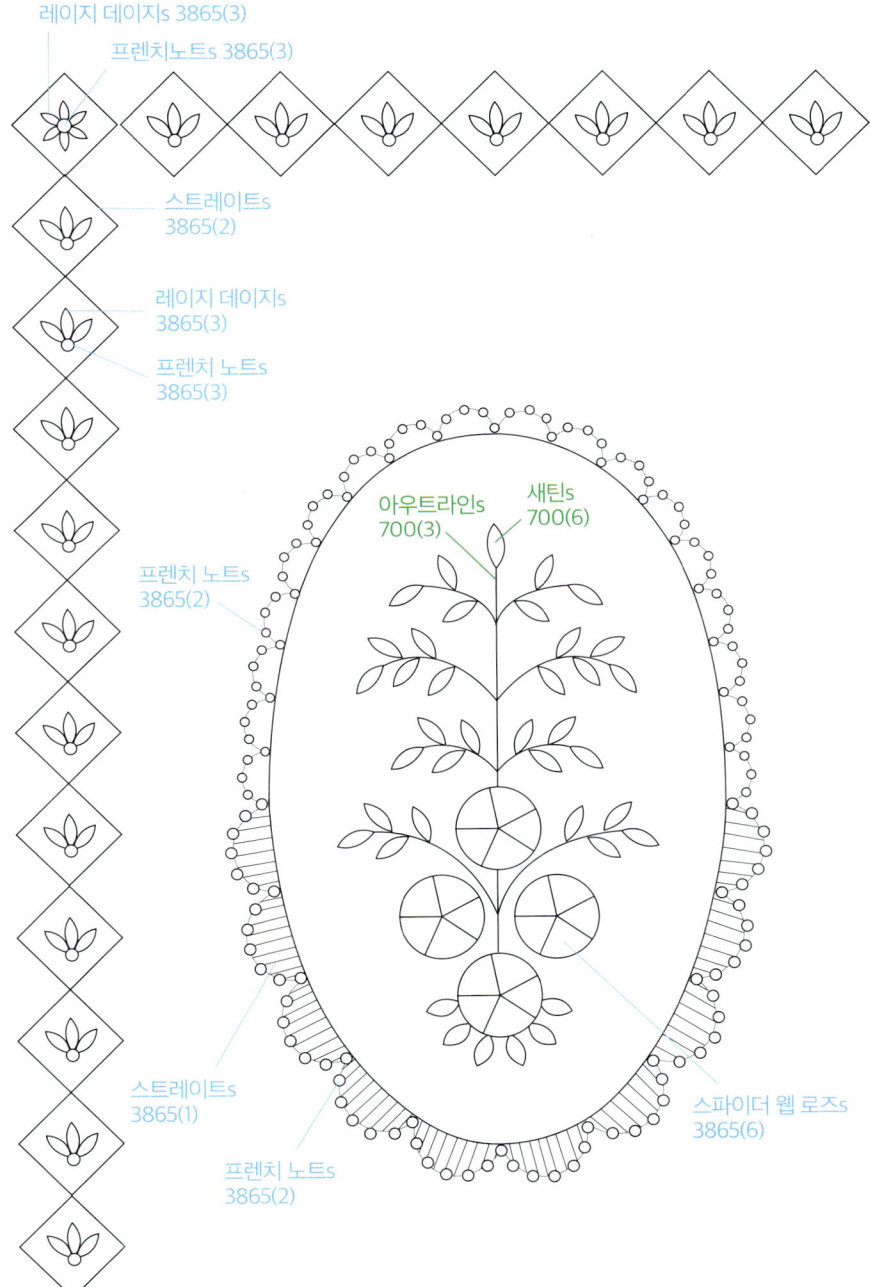

레이지 데이지s 3865(3)

프렌치노트s 3865(3)

스트레이트s
3865(2)

레이지 데이지s
3865(3)

프렌치 노트s
3865(3)

프렌치 노트s
3865(2)

아우트라인s
700(3)

새틴s
700(6)

스트레이트s
3865(1)

프렌치 노트s
3865(2)

스파이더 웹 로즈s
3865(6)

일상을 예술로 만드는
화려한 장식자수

초판 1쇄 발행 2020년 5월 12일

지은이 김수현(애기할멈)
펴낸이 이지은
펴낸곳 팜파스
기획 · 진행 이진아
편집 정은아
디자인 박진희
마케팅 김민경, 김서희
인쇄 케이피알커뮤니케이션

출판등록 2002년 12월 30일 제10-2536호
주소 서울시 마포구 어울마당로5길 18 팜파스빌딩 2층
대표전화 02-335-3681 　　　　**팩스** 02-335-3743
홈페이지 www.pampasbook.com | blog.naver.com/pampasbook
페이스북 www.facebook.com/pampasbook2018
인스타그램 www.instagram.com/pampasbook
이메일 pampas@pampasbook.com

값 18,000원
ISBN 979-11-7026-333-3 (13590)

이 도서의 국립중앙도서관 출판예정도서목록(CIP)은 서지정보유통지원시스템 홈페이지
(http://seoji.nl.go.kr)와 국가자료공동목록시스템(http://www.nl.go.kr/kolisnet)에서
이용하실 수 있습니다.(CIP제어번호: CIP2020015278)